# JOAQUÍN SABINA

*Maurilio de Miguel*
*Joaquín Sabina*

La Pereza Ediciones

*Pose dylaniano del Sabina.*

**QUEREMOS AGRADECER AL LECTOR
POR SUMERGIRSE EN LAS PÁGINAS QUE SIGUEN
Y ENTRAR AL FASCINANTE MUNDO SABINERO.**

Gracias también a Julián Herrera,
quien nos ha colaborado infinitamente
en el trabajo editorial,
al diseñador por tan magnífica portada
y a José Luis Llada,
un sabinero de Gijón
que nos habló de la magia de este libro.

Título:
*Joaquín Sabina*

© Maurilio de Miguel
© Portada Leonel Sagahón
© Fotografía Archivo fotográfico de Carlos Bullejo y Joaquín Sabina

De esta edición 2020, La Pereza Ediciones, USA
www.lapereza.net

Todos los derechos reservados.
Se prohíbe la reproducción parcial o total por cualquier modo, sea mecánico, fotocopiado o electrónico, sin la respectiva autorización de la editorial.

ISBN: 978-16-23751-76-0

Diseño de los forros de la colección:
Estudio Sagahón / Leonel Sagahón
www.sagahon.com
Maquetación Julián Herrera

MAURILIO DE MIGUEL

# JOAQUÍN
# SABINA

MUNDOSRAROS

*Sabina convencido de que pasará a la posteridad por las facciones clásicas de su busto.*

## PONGAMOS QUE HABLO DE JOAQUIN

Degenerado y mujeriego
con cierto aspecto de faquír
anda arrastrando su esqueleto
por las entrañas de Madrid.

Aunque andaluz de fin de siglo
universal, quiero decir,
no sé qué tiene de rabino
cuando lo miro de perfil.

Amigo de causas perdidas
desde aquel mayo de París,
No tiene más filosofía
que el "vive a tope hasta morir".

Medio profeta, medio quinqui,
El lumpen es su pedigrí,
Un tinto y una buena titi
le bastan para resistir.

Tirando a zurdo en sus ideas,
por donde escora Bakunin,
dice que abajo las banderas,
y arriba la lluvia de abril.

El perdedor es su universo
aunque pretende ser feliz.
Y aún hay quien dice que está cuerdo.
Pongamos que hablo de Joaquín.

Luis Eduardo Aute
14 de febrero de 1986

## ENTREVISTA A SABINA

*"Lo escrito, escrito está y a mí me gusta"*

## POR BOCA DE JOAQUÍN SABINA
**(Hotel Catania. Madrid. 19-IX. 18 h.)**

-Vuelves al oficio del que partiste, antes de cantar, ahora que escribes sobre todo versos...

-Mi primera vocación, como tú bien sabes, era escribir, nunca cantar. Algo de bueno tuvo el *marichalazo* que me dio hace cuatro años...Al quitarme las ganas de escribir canciones y marcarme con agorafobia hacia el público, la calle, las miradas y la prensa, al menos me dejó refugiarme en las rimas. Y luego tuve la suerte de que mis libros funcionaron y me contrataron en la revista Interviú para publicar coplas satíricas. Eso me permitió vivir la vida que había soñado siendo adolescente. Bueno, como dijo Franco cuando mataron a su presidente Carrero Blanco: no hay mal que por bien no venga.

-¿Por qué decidiste colaborar en este libro?

-Lo que hice fue dejarte mi archivo y hablar contigo sobre él, ¿no?

-Y un guión en términos de telegrama, con los sucesos clave de lo que hasta entonces había sido tu vida.

-De entrada, era el primer libro que me dedicaban. Jamás hubiera yo pensado que se iba a escribir un libro sobre mí...Si no recuerdo mal, el libro termina antes de mis primeras ventas apreciables de discos, se queda a las puertas mi vida pública, de los grandes escenarios, de mis giras latinoamericanas y de mi suma y sigue de cumpleaños. Es casi la prehistoria de mi existencia…Claro que me hacía mucha ilusión. Y si me preguntas por qué no he colaborado en los posteriores libros que se han hecho sobre mí, excepto en uno de conversaciones, pues te diré que no lo hice porque me daba un poquito de vergüenza…Debes mantener por lo menos cierta distancia frente a quien te practica una biografía. Distancia aséptica.

-¿Te pareció el acabado de este libro ingenuo o entusiasta, teniendo en cuenta que lo escribía un chaval?

-No, me pareció bien. Incluso desde el lado afilado y crítico que adoptabas al escribirlo. Una postura que, en aquel momento, convenía estupendamente al caso y que, a día de hoy, sigo valorando. Hace ya años que no releo el libro. Pero, cuando se hizo, el entusiasmado era yo. Me entusiasmaba tener una biografía y, a la vez, ya digo, sentía cierta vergüenza por el hecho de ser biografiado.

-Dejaste que te hiciera el libro alguien a quien prácticamente no conocías. ¿por qué?

-Yo me he casado muchas veces por no decir que no. A muchas cosas digo que sí, no colaboro nada con la empresa y eso me ha costado perder unos cuantos amigos. Pero, en aquel momento, carajo, contar con una biografía en la colección Los Juglares de la editorial Júcar tenía su prestigio. Y, además, si estaba escrito por una buena pluma como tenías y sigues teniendo tú. Por otra parte, te acordarás de que te dije que sí al libro porque no eras mi fan. Eso te lo dije muy claro. Y sigo de acuerdo con eso.

-¿Se escribiría igual que ayer ese pasado prehistórico del que hablas? ¿Se lee lo mismo con la distancia?

-No hay libro que se lea igual, ni que se escriba igual, quince o veinte años después de haber sido escrito o leído. Creo que lo escrito, escrito está y a mí me gusta. ¿Tú lo escribirías igual? Tal vez no…

-Por eso me propuse reeditarlo tal cual nació.

-A mí también me parece lo mejor.

-Aconsejaba la indomable Lou Salomé ser fiel a los recuerdos, más que a las personas.

-Es una buena frase.

*PRÓLOGO*

**CUANDO ERA MÁS JOVEN...**

"Cuando era más joven, viajé en sucios trenes que iban hacia el norte"...También yo lo era, entonces, cuando Sabina compuso la canción y le conocí. Corría el año 1985 y no hacía tanto que me encontraba regresando de Suiza, donde había ejercido como músico callejero, por terrazas y tranvías, a cuerpo de rey del mambo. Apenas pasaba un lustro, desde que yo vivía de nuevo en Madrid. Cinco años en los que me había dado tiempo a no encontrar casa, sino cuando tuve una hija. Adiós a la vida de goliardo jijí, jajá, a mis viajes de trotamundo y a trasegar por ahí sin coto...Despertaba a las 7:30 h. para ir a la facultad, para reemprender mis estudios de filología. A las 15 h. fichaba en Correos, como oficial interino, para ganarme los garbanzos. A las 23,30 h., en vez de caer rendido en la cama, me dejaba caer por los bares de Malasaña, Chueca, Huertas y Lavapiés no para correrla, sino para vender una revista llamada Robinson, con la que ejercía de periodista marginal. Ahí estaba mi movida madrileña...Y yo que hasta ese momento iba para marinero mercante antes que fraile, viviendo del póker, de jugar a los chinos y de sacarme sangre pagada en el Hospital San Carlos...Andaba entonces con un pie en la paternidad responsable y en esas vi a Sabina, por primera vez, en el bar Travelling de Lavapiés. Lo recuerdo en blanco y negro

...Jueves noche de primavera, el bar en su punto de ebullición crápula y yo de retirada ya, tras vender las suficientes revistas como para comer al día siguiente. Me podía permitir un respiro y se lo dediqué a Sabina, del que había oído hablar más como vampiro que como cantante. Ni puta idea sobre los siete años que había vivido en Londres también como músico ambulante, antes de ganar notoriedad en el Café La Mandrágora y aparecer en el programa "Si yo fuera presidente" de Tola.

-Hola, qué tal, ¿eres Sabina?

-Dime.

-¿Conoces la revista Robinson que voy vendiendo?

-La sigo. Sé que en algún número entrevistasteis en ella a mi compadre Javier Krahe. Una buena entrevista, por cierto.

-Quizás te haya llegado el momento de aparecer en ella.

-Para qué, si el dueño de este mismo bar me ha dicho que no te gusta lo que canto.

-Es verdad. Un día se lo dije a Paco. Pero tal vez a los lectores les interese lo que tú me cuentes...

-Te doy la entrevista, a condición de que me digas por qué no te caigo bien o no te interesan mis canciones.

-Vale, dame un teléfono y quedamos.

En aquella época le llamabas y te descolgaba, bien peinado, el auricular. Al menos eso me aseguró días después Marta, una amiga que esa noche de pedo me trataba de ex y acabó pidiéndome le presentara al personaje, su amor platónico, ignorando que cruzaba las primeras palabras de mi perra existencia con él y no del modo más entrañable. Así que le apunté a la chica su número de teléfono en un papel, lo metí en su bolso y, toda colgada como estaba, se la regalé a Sabina, antes de largarme con viento fresco.

¿Conocía yo lo suficiente a Sabina como para entrevistarle? ¿Sabía al menos el título de sus canciones? Algún que otro amigo me había tocado alguna a la guitarra, pero no recordaba haberle escuchado en la radio. "Un imitador más de Dylan", creo que pensé oyendo a

Antonio Flores su "Pongamos que hablo de Madrid", la canción con la que se insinuaba como compositor a quienes leían la letra pequeña de los vinilos. Y es que un servidor carecía de tocadiscos, en mitad de los años ochenta. Bastante tenía con la radio de los vecinos escupiendo rumbas, con olor a puchero, en la corrala donde vivía...Por eso, para preparar la entrevista pactada, recurrí a mi colega Saturnino Santos, que se sabía de memoria "Princesa", "Qué demasiao", "Caballo de cartón" y "Calle MelancolÍa", entre otras. Llegó la tarde de la entrevista en el café La Bobia, charlé mucho con Joaquín sobre héroes callejeros y santas pascuas. "¿Por qué no te gusta lo que hago?", me volvió a preguntar, antes de despedirnos. "Porque te pareces a Dylan como una gota de agua a otra", acerté a responderle. Y sabía de lo que hablaba. El repertorio del cantautor americano sí lo dominaba y no me había costado comprobar, sobre la marcha, que su "Like rolling stone" le inspiraba a Sabina "Ring, ring, ring" y que "Pongamos que hablo de Madrid" evocaba el título "Talking` New York" del maestro judío.

Tendrían que pasar un par de meses, hasta encontrarme otra vez a Joaquín, esta vez en el Parque Municipal de Cabestreros. Iba yo fatigando las cuestas de Lavapiés con mi zurrón de revistas, vi que cantaba a recinto abierto y aproveché para ponerle la oreja por primera vez. Es más, acabado el concierto, me dirigí a su camerino para regalarle un número de la revista Robinson con su entrevista, recién publicada. En aquellos días, creía uno que podía entrar a cualquier camerino como Pedro por su casa, sin anunciarse como amigo, familiar o fan del artista...

-Toma la revista en la que te saco –le dije sin que nadie me lo impidiera, pese a mi aspecto de monje mendicante-. Pasaba por aquí y ya te la dejo.

-¿Conservas mi teléfono? –me preguntó.

-Creo que sí.

-Llámame y te regalo mi último disco. Pásate si no por casa el día que quieras, para llevártelo.

El disco que acababa de lanzar se llamaba "Juez y parte", aludiendo a su implicación en las historias que como cronista urbano pergeñaba. Y, en lo que a mí respecta, no podía sospechar que la tesitura de tal título también comenzaría marcando mi carrera de periodista …Recuerdo que una tarde de septiembre, el mimo año, oyendo tocar a los Burning, decidí a bote pronto dedicar mi primer libro al peculiar personaje de barrio que Sabina parecía. Por qué no…Andaba mi chica Elena conmigo, pensé en voz alta frente a ella y se me encogió de hombros…"Prueba a ver", me recomendó, por todo consejo. Por tanto, con la misma naturalidad que me gastaba para concebir otras empresas absurdas o imposibles, me puse manos a la obra. "Prueba a ver", me había dicho Elena… "¿Le digo yo a Sabina que ya tengo editorial para biografiarle o comienzo por asegurarle a la editorial que Sabina me quiere confiar su vida?" Esa fue la única duda que tuve, a mis 24 años, ajeno por completo a cómo se movían los hilos del mundo libresco. Sabía, eso sí, que la editorial Júcar, en su colección Los Juglares, debía ser la destinataria de tan azaroso proyecto. No había otra dedicada a la canción de autor y el rock. Dentro de ella, el periodista Manuel Vázquez Montalbán había escrito sobre el cantautor Joan Manuel Serrat y el poeta Mario Benedetti en torno a la figura de Daniel Viglietti, entre volúmenes sobre los grandes trovatori, chanteurs, chansonniers y folk-singers de la canción internacional. Leonard Cohen, George Brassens, Bob Dylan…Buena compañía.

"Pásate por casa", me había sugerido Sabina en Cabestreros…Y yo, ni corto ni perezoso, le tomé la palabra una mañana sin clases en la facultad. Había pasado semanas antes por la calle Tabernillas, para recoger el disco prometido, no encontrándome en ella más que al fotógrafo Carlos Bullejos, su ex compañero de piso. Si aquel día pillo a Sabina sin haberse mudado aún de vivienda, me llevo el disco y en paz…No hubiera habido excusa para proponerle libro alguno, porque ni me lo había planteado. Pero quisieron los dioses que aquella mañana de noviembre le sacara de la cama, en la calle Santa

Isabel, para pedirle lo prometido, a la par que le anunciaba el encargo de un libro para Júcar sobre su trayectoria...Hay quien dice "sí" a cualquier propuesta matutina, con tal de que le deje seguir durmiendo quien se la propone...Joaquín rebuscó en su cenicero una colilla que encenderse para encajar la oferta, se rascó la cabeza y sin preguntar ni cómo, ni cuándo, ni por qué, me dijo: "vale"...Y lo bueno es que, por mi parte, no esperaba menos. Sólo mucho después sabría que aceptó mi propuesta, porque le iba la marcha. Mejor un plumilla imparcial y hasta pelín displicente, que un amigo, para empezar a cortarse un traje de papel...Y yo salía del submundo marginal al que él cantaba, más como personaje en busca de autor que al contrario.

¿Cómo empezar? ¿Por dónde? Ni yo sabía a cuento de qué me había metido en semejante berenjenal. De entrada, además, antes de plantearme nada, tenía que lidiar con María Calonge, directora editorial de Los Juglares. Échale guindas al pavo...Sin embargo, el trámite se resolvió a la semana, también por arte de birlibirloque. Le pedí cita satisfecho de poder ir, ya sí, con la verdad por delante. Y, una vez en su despacho, me presenté como el autor desconocido al Sabina que daba el visto bueno para escribir su biografía.

-¿Sabina? Ese es un don nadie –me argumentó María, con un tono maternal que me invitaba a seguir pujando.

-Pero llegará a ser alguien –le respondí, tocado por no sé que suerte de intuición.

-¿Cómo lo sabes?

-Porque compone canciones que se parecen a las de Dylan, al que habéis dedicado, en la colección, la friolera de tres libros.

-Empieza a escribir y, si me gusta lo que haces, te extiendo un contrato editorial. Prueba a ver...

La segunda vez que escuchaba "prueba a ver" convertía la empresa en desafío...Así que salí de aquel despacho dando botes de alegría: ¡Ya sólo me quedaba escribir el libro!

María Calonge, pareja del novelista Mariano Antolín Rato, era una encantadora progre. Pero, al fin y al cabo, una progre. Sabina, ni te cuento...¿Qué hacía yo tratándome con semejante ralea? Pues simple y llanamente homenajear a mis mayores, a quienes habían sabido en tiempo real sobre la beatlemanía y el mayo del 68, mitos en la memoria de lo nunca vivido por mi generación. Y eso que ya había convivido yo, a los 18 años, en una buhardilla de Zurich, con discípulos de George Brassens y hippies postreros de magic bus a Katmandú.

Llamativa fue, en todo caso, la pasión que me agarró, al ponerme a escribir, previo guión cedido gentilmente por el propio Joaquín sobre los hitos de sus andanzas. Sus dos folios al respecto y un fajo de recortes de periódico, con notas sobre actuaciones, fueron el material que manejé, además de poemarios juveniles y fotografías que me desempolvó el interesado. Entonces, mientras trabajaba como cartero, pude aprender que lo mejor para un escritor es ganarse preventivamente la vida con cualquier otra cosa: a ser posible, con trabajo físico...Sin embargo, no lo aprendí, sino años después, cuando me comenzó a costar Dios y ayuda escribir después de escribir: redactar más libros, sin abandonar los reportajes alimenticios para periódicos y revistas. Yo gastaba un tercio del día clasificando cartas en la Estación postal de Chamartín, feliz de tomar notas para mi libro, a vuela pluma. Y llegaba a casa de madrugada, tras vender revistas, con tiempo aún para robarle dos horas al sueño, frente a la máquina de escribir, en la mesa de la cocina. Tenía veinticuatro años y energía como para creer que los sueños se cumplían con los ojos abiertos y no cerrados: agarrándolos por el cuello...

Los folios, pues, fueron llegando al libro, primero garabateados, luego transcritos por mí al teclado y, finalmente, pasados a limpio con las últimas enmiendas y el tipex a mano, por mi sufrida madre mecanógrafa. ¿Conocía Bill Gates la palabra ordenador? Las notas apresuradas de las que nutría mi tocho las escribía en billetes de metro, en servilletas de bar y trozos papel higiénico. No siempre tenía libreta a mano. Llegué a buscar en la basura papel de embalar, para no perder un minuto sin escribir en el autobús. ¿Cómo desaprovechar el trayecto de una hora entre Chamartín y mi casa que me imponía la ruta al tajo? Deseaba romperme una pierna, para pillar una baja médica y progresar con la pluma hospitalizado, sin horarios laborales que cumplir. Lo malo era perder, entonces, opción a seguir vendiendo revistas por los bares, mi único contacto con el Parnaso literario del momento...De hecho, supe sobre qué suerte de tipo estaba escribiendo, en una de mis correrías por Madrid la nuit, como vendedor ambulante...Era una noche más de incursión entre la bohemia que trasegaba. Salía Joaquín del Café Central con unos amigos y recuerdo que me puse nervioso, como colegial que no lleva los deberes hechos a clase...Llevaba el libro bastante avanzado, escribiendo sobre un compositor al que apenas había oído cantar. A palo seco.

-¿Dónde vas?

-A tomar algo por ahí –le mentí, a sabiendas de que estaba sin blanca en el bolsillo.

-Voy contigo.

-Te invitaría, pero no debo tener siquiera ni para una cerveza.

-No importa, yo llevo dinero –repuso Joaquín. Y esa noche acabé en el Viva Madrid, viendo cómo atendía y despachaba a los primeros concejales y fans encantados de conocerse a sí mismos, al saludarle. Supe entonces lo popular que ya era, pero ante todo que llegaría a serlo más, dominando como dominaba la distancia corta desde cualquier escenario; desde una mesa de bar, sin ir más lejos. El arte del cantautor consistía en hablar de tú a tú a cada una de las veinte mil personas que podían escucharle en la Plaza de las Ventas. Si no podía ser vis à vis, bajo el lenguaje coloquial de un disco.

-¿Has escuchado mis canciones, como para empezar a escribir el libro?- quiso saber Sabina aquella vez.

-Todavía no tengo más que el vinilo que me regalaste. Descuida, que pediré prestado el resto – le contesté. Y, al final, él mismo fue quien me los dejó para grabar, cosa que hice en el equipo musical de mis tías. Y aproveché varios días consecutivos que comía a mesa puesta, para oírlos en casa de vecinos y amigos como quien celebra la prueba del delito recién encontrada.

Siempre me impresionó la elegante forma de pagar copas y cenas a los amigos que tenía Sabina, quien después se ufanaría de ser quien mejor y peor sabía tratarles. Doy fe de ello...En todo caso, por más rumbero y noctívago que se sintiera, nunca cultivó el arte de cerrar un bar a voces, anunciando a bombo y platillo su intención de invitar a cuanto bicho viviente quedara dentro. Te decía "llevo algo en los bolsillos" y, ya en 1985, podían ser diez mil duros que fundirse en una noche. Porque, como en la canción que Krahe titula "La costa suiza", Sabina tuvo pronto sentido de la justicia poética, a la hora de dar gracias a la vida. Cuando el dinero por derechos de autor le empezó a llover a espuertas, como por arte de magia, se propuso seguir viviendo al día, gastarse cuanto llevaba encima, noche a noche, cual si hubiera jurado a su suerte no traicionar la provisionalidad con la que se movía, continuar siendo cigarra cantarina y no pasarse al bando de las hormigas con cuenta de ahorro en el banco.

Sí, Joaquín fue muy generoso conmigo. De alguna manera me prohijó, igual que había hecho con el cantante Pulgarcito, años antes, aunque por aquellas fechas yo me negara por sistema a estrechar más las relaciones, yendo a escribir a su casa, dado que carecía de buena calefacción la mía. Y eso que me extendió varias veces la invitación a instalarme con él, mientras redactaba su biografía. No fue Joaquín un padre espiritual para mí, porque yo insistía en seguir sintiéndome huérfano por propia elección, con ojos sólo para la buena estrella que creía me protegía en el firmamento. No llegó a ser mi padre, porque yo andaba estrenando, en ese momento, mi propio ejercicio de paternidad con Sara, que pronto acabará la carrera de medicina y algún día espero psicoanalice a su progenitor. Digamos que, para entonces, había caducado mi carnet de vástago y, al respecto, creía que no me quedaba por ser más que un poco hijo de puta y otro poco hijodalgo, hidalgo que dicen, en la vida...Jóder, han pasado ya veinte años desde que empecé este libro y parece que fue ayer...Es más, ¿por qué tengo la sensación de no haberlo acabado todavía? "La señora fortuna que brilla sobre mí te dirá dónde estoy", había cantado Dylan.

Podría hablar de cuando escuché por primera vez la canción "Zumo de neón" en el contestador automático de Sabina. Cuál no fue su sorpresa, cuando se lo dije y se alegró de saber en qué microcinta andaba perdida, tras haberla bisbiseado en casa, sin encontrar otro soporte mejor para grabarla sobre la marcha. Podría referirme, después, a nuestras comidas en el Café Gijón y a la cantidad de taxis que aprendí a coger con él, alguna de cuyas carreras la empleamos en corregir el manuscrito del libro que yo debía entregar ya mismo a la editorial, mientras por su parte terminaba la canción que le había pedido compusiera la vocalista Ana Belén, para anteayer. Decir que íbamos como motos por la vida es poco...Podría incluso recordar en voz alta el sonido de la botella de champán mañanero que descorchamos en su casa, el día que tuve en las manos el primer ejemplar de la biografía, recién publicada...

–Nunca le he visto tan contento –le comentó entonces Sabina a Elena.

–Pues anda que tú...–Así era de seca e iconoclasta mi mujer de entonces.

Cabría glosar aquí, para vanagloria nuestra, la presentación por todo lo alto que tuvo este libro en su día. Un rendez-vous de gala, con el actor Imanol Airas y la cantante Massiel ejerciendo de padrinos, en la por entonces sala de moda Elígeme. Fotógrafos hasta de la prensa del corazón, el académico Pepe Hernández y Angel Alvarez con su Caravana–Vuelo 605, entre las cientos de personas que allí acudieron, buena parte de las cuales cenaron luego a cuenta de BMG-Ariola, la multinacional con que grababa el artista, en el mejor restaurante de Madrid. Recuerdo que para esa presentación yo estrenaba mi primer abrigo comprado, que no heredado, canjeado a decir verdad en una boutique del barrio por el coste de un anuncio publicitario en la revista Robinson. Me acuerdo que, a renglón seguido, pasé de robar libros en El Corte Inglés a firmarlos, sin haber sido cliente todavía del señor Areces…Podría extenderme aquí con anécdotas mil, sobre la vuelta al día en ochenta mundos que me trajo consigo el libro de Sabina. Sin ir más lejos, contar que seguí viajando en taxi por Madrid, durante su promoción, gentileza de los mass media que se interesaban por la obra. Taxis que me venían a buscar a casa en plan señor y me dejaban, con su chófer perplejo, a pie de hangar, entre los operarios del servicio postal con los que aún me buscaba los garbanzos…Y yo que lo había tenido todo, antes, ejerciendo de crápula inconsciente en Suiza…Tantas reseñas entrañables, no obstante, acabarían constituyendo ya otro libro, que no tengo intención de redactar por el momento. Ya las conocen mis íntimos y basta. Me gustaría contar, eso sí, que tuve mis razones para no escribir nunca la segunda parte de este libro, el paseo triunfal de Sabina por los escenarios. Un volumen que me hubiera hecho millonario, fíjate tú…Me recuerdo una vez en su casa, allá por el año 94 o 95, tomando conmigo la maleta que me tenía preparada con recortes de prensa para intentarlo. Entonces supe que su viaje ya no era el mío, que le había llevado demasiado lejos. Me pareció que vivía veinticuatro horas al día cara al público, con lo que mejor que yo podían glosar sus hazañas los gacetilleros y porteros de hotel, hasta que apareciera quien le echara paciencia a seguir su pista por tierra, mar y aire. Me pareció que, habiendo renunciado por mi parte a ser su escudero y, desde luego, a profesar la orden sacerdotal de sus tiralevitas, no nos quedaba otra que seguir siendo amigos, en el mejor de los casos. O enemigos íntimos, puesto que ya militaba yo al otro lado del burladero, como crítico musical de El Mundo. Diríase que huyendo de ser pelota me había terminado convirtiendo en tocapelotas suyo…Él viajaba en aquellos días a Latinoamérica, en plan baño de multitudes y reposo del guerrero. Yo buscaba en el Extremo Oriente mundos exóticos y nirvanas, como reportero. No podíamos estar más lejos anímicamente. Con todo, varias veces al año nos continuábamos viendo aún. Una cuando le visitaba en el estudio de grabación, donde preparaba cada nuevo álbum. Otra en los aftershows de los conciertos que daba en Las Ventas madrileñas. Partys que se prolongaban mucho más allá del amanecer, ya en su casa. Los que mayor predicamento en el reino del rock hispano tenían, en cuanto a desparrame y surtido. Fiestas que otorgaron a la casa de Sabina fama de open house, similar a la que Lou Reed y John Cale pregonaban de Andy Warhol, en New York. Pura coherencia de vida y obra tan canalla como epicúrea, con la que Sabina buscaba el magma incandescente y volcánico del que acaba surgiendo, con el tiempo, el mejor paisaje poético. Puro ejercicio hedonista por parte del "flaco" que presumía de tener la mejor "mala salud de hierro". Medio Madrid tenía llave ya de su casa el día en que decidió cambiar la cerradura…Decían los mentideros, por aquella época, que Sabina era el mejor personaje de Sabina.

Por mi parte, había sabido ya del Sabina aquejado de vértigo, justo cuando a raíz de su pelotazo con el doble Lp en vivo, grabado en el madrileño Teatro Salamanca, se quedó meses sin idea de qué canción nueva escribir. Andábamos todavía en el año 1990 y no se me olvida la noche en que me vino a la Sala Elígeme como niño con zapatos nuevos, eufórico por los versos que había conseguido engarzar bajo el epígrafe "Así estoy yo sin ti". "Vacío como una isla sin Robinson", me recitó en los sótanos privados de la sala, mientras le buscábamos música a sus estrofas, guiñándome un ojo en homenaje a la esforzada revista marginal con la que nos habíamos conocido y no hacía tanto que yo acababa de enterrar. Decía que pude conocer al Sabina con vértigo entonces, igual que poco después me percaté de cómo era capaz de afrontar la celebridad. Fue viajando en coche de cristales ahumados por las calles abarrotadas de Jaén. Puedo sentir todavía los golpes en sus ventanillas de los borrachos que le vitoreaban por las fiestas, recordando además que aquella noche, al terminar el concierto, Sabina durmió en el mismo vehículo de vuelta a

Madrid, para despistar a las legiones de fans paisanos que le buscaban en la mejor suite de la ciudad.

Pasaron los años y conocí también al Sabina capaz de ofrecerte la luna llena en rodajas, cualquier noche sin luna, en el garito menos pensado. No pidieras, además, que al día siguiente se acordara de lo prometido...Aún así, cada vez que tocaba entrevistarle para el periódico, nos daban las tantas hablando, a micrófono apagado ya, bebiendo hasta conseguir que el alcohol se nos hiciera suero de la verdad. Será por eso que contando por ahí sobre Sabina, lejos de mí cualquier intención de parafrasearle, logré en ocasiones escribir como nunca. Porque lo cierto es que nunca quise crecer a la sombra de nadie, aunque con Sabina aprendiera que existen compañeros de viaje eternos, "que duran lo que dura un solo invierno"...Esta vez, sí, lo reconozco, le he robado el ochenta por ciento del pareado a su fondo de catálogo.

Maurilio de Miguel

*Primera comunión de Joaquín Sabina. Tema ausente de sus canciones autobigráficas.*

## I. GENIO Y FIGURA

En opinión de sus amigos de juventud, Joaquín Sabina sigue disparando una sonrisa fácil, apenas suficiente para ocultar un algo de timidez, mucho de sensibilidad y cierta cordial forma de relacionarse. En opinión de ellos, da la talla del perfecto *outsider*, siempre en pie de guerra. La terapia psicomotriz que se le ha practicado apunta ingredientes de ternura, ironía, realismo, crudeza y magia en el cóctel que corre por sus venas y que le convierte en una personalidad sanguínea (no confundir con sanguinaria). Sin embargo, como el dramaturgo Tennessee William, Joaquín exige al psiquiatra que le devuelva su depresión para poder seguir componiendo. Es un estudioso de sí mismo y sentencia que un treinta por ciento de caos es indispensable en todo tren de vida. Sabina sostiene que carece de imaginación, aunque se le califique de tipo ocurrente. El ojo clínico de la mujer periodista siempre cree descubrirle inseguridades y él persiste en afirmar que, si tuviera dieciocho años, sería *punky*. La única manera de no seguir rompiendo con todo, más tarde, pasa por elaborar artísticamente la confusión. Eso, aun siendo avispado y lúcido.

Hay quien le oyó decir que a los "cantantes-protesta" les habían sucedido los "cantantes de próstata", entre los que se incluía. Los hombres de su generación reivindicaron la ternura del mundo femenino, pero fracasaron de uno u otro modo, a la hora de encontrar la estabilidad de la pareja. Hoy está convencido de que entre él y casi todas las mujeres del mundo puede prosperar la complicidad de la caricia, pero no la amistad. En lo relativo a enredos amorosos, aborrece a los desenlaces "progres". De encontrarse alguna vez en el pellejo del marido burlado, creería legítimo el derecho a los celos. Si alguna vez se amarteló con una casada, a poco de iniciar el romance le entraron unas terribles ganas de solidarizarse con el esposo sufridor, de emborracharse con él y de olvidar, juntos, a las mujeres. Hoy sabe que resulta contraproducente aprovecharse de su *status* para ligar. Por lo demás, desconfía de las grandes promesas y de las personas hechas de una pieza, de esas que lo tienen todo tan claro. No le agrada ser acorralado afectivamente ni justificar su afectividad; por eso, cuando la convivencia se hace demasiado doméstica a su alrededor, suele desaparecer del mapa sin dejar rastro.

Su caché oscila entre cero y tropecientas mil pesetas. No acepta un término medio. Tocar ante cuarenta personas y grabar un disco suponían para él un objetivo maravilloso. Luego, seguir grabando ya no le ha seducido tanto. Desconfía de las leyes que gobiernan los aplausos y siempre ha tenido miedo a profesionalizarse en exceso. No es de los que más placer ha experimentado escalando peldaños en el *ranking* de la popularidad, pero cuando Pastora Vega le entrevistó, llegó a tildar de bellaco mentiroso a quien declarara no tener nunca paladar para esa miel. Lo cierto es que sus planteamientos jamás fueron los del cantante estrella y que buscó antes el reconocimiento a su trabajo que el éxito. Toda su promoción en el mundo del espectáculo la estima como un regalo llovido del cielo y volvería a tocar en un pub por pura satisfacción y por sorpresa. Cuando alguien le pregunta por qué canta, él contesta que para ligar. Cuando era más joven creía que se canta a lo que no se tiene; después pensando si es verdad que uno canta sin ton ni son, razonó que al menos el son sí le era necesario.

Del *punky* le gusta su intransigencia, del moderno su dadaísmo y del *heavy* que se lo cree. En su opinión, todo el que tiene talento se abre paso antes o después. También sabe qué, vía canapés, más de uno ha sido engatusado en las recepciones del Palacio de la Moncloa. Por si acaso, le divierte disfrazarse continuamente... Siente la misma impotencia que tú y que yo ante la carrera de armamentos y la política de bloques, pero algo le dice que aún es posible estar disconforme. Toda la vida ha pertenecido a la "izquierda traviesa", cuya estética difería de la "ultra izquierda", de la "izquierda de boina" y de la "izquierda divina". Quién no es de izquierdas hoy, por favor... Se trata de algo todavía decorativo y forma parte incluso del folklore. Por lo demás, Joaquín cree, además, en la magia negra y en la magia blanca. Por algo su generación quería cambiar el mundo. Y eso sin dejar de ser taurino, con abono a la fiesta nacional en la madrileña Plaza de las Ventas.

Joaquín estaría dispuesto a tocar el violoncelo con gafas y un enorme mostacho. De no haber cantado, hubiera sido trapecista. La vinculación que existe entre el trapecio y el erotismo es algo que él ha explicado, pero que yo no consigo entender. Además, le hubiera gustado vivir en el *far west* y ser el cantinero de un *saloon*, donde todas las noches actuaran vedettes recién llegadas de New Orleans y la parroquia se liase a tiros. Si hay algún cuadro costumbrista que le descompone es el que protagonizan los cargos políticos, desayunando café mientras hablan con la boca llena de fútbol. Si al menos hablarán de toros...

Su estampa luce elegante, a pesar de que le tire lo cutre, el heroísmo barriobajero y las puestas en escenas nocturnas, donde cualquier gato puede ser pardo. Estamos ante un tipo tremendamente fetichista.

La nostalgia del sur le tienta, y nunca ha renegado de su acento andaluz, ni de su devoción por el flamenco. Bien puede calificársele de decadente, porque ama las atmósferas y las bambalinas donde se desenvuelven los perdedores. Va Joaquín a escribir regularmente a

*«Chispa» es la que se reclina sobre su honbro.*

los cafés, a la antigua usanza de la bohemia, y en eso se reconoce trasnochado. Le repele la sofisticación gratuita y le atrae lo sutil.

Joaquín se sabe un gastador nato. Sólo tiene noticia de dos o tres personas que despilfarran el dinero tanto como él. Cuando cantaba en el Café La Mandrágora por mil pesetas, cree que lo hacía tan bien o tan mal como ahora, que cobra bastante más. Semejante inflación viene a ser absurda y por eso acostumbra a fundir el vil metal tan pronto como le es posible; preferentemente en taxis, en ropa y en invitar a sus amigos a comer. Acostumbra a no regresar a casa por la noche hasta que no se ha deshecho del último chavo que lleva en el bolsillo.

Es de los que buscan gato encerrado, si durante mucho tiempo todo le sale a pedir de boca. Cuando se siente demasiado cómodo en el sofá, proyecta alguna picia con la que demostrar que aún no sentó del todo la cabeza, ni se ha pillado los dedos. Será que alguna vez se temió llegar lejos, a la hora de lo que antes se llamaba "aburguesamiento", bienestar con orejeras.

Desde pequeño Joaquín se mostró del todo interesado en poder vivir del cuento, deleitándose en contar todas las historias del mundo, ya fuera como guionista, actor o novelista. Después, nunca le estremeció tanto subir a un escenario como bajar de él.

Viajar es una forma de correr más deprisa que la vida y adelantarse al paso del tiempo. Por eso Sabina, incansable viajero, mantiene a día de hoy una renta encomiable de vitalidad. Si la vitalidad fuera condición suficiente para saber vivir…No especula sobre ello para no robarle el pan a los filósofos modernos. Cada cual en su oficio. Entretanto, aceptando las propias contradicciones cree que podrá seguir evolucionando.

## II. DEJAD QUE LOS NIÑOS SE ACERQUEN A MÍ... Y TAMBIÉN LAS NIÑAS

En la biografía de Sabina concurren los suficientes hitos como para que parezca ejemplar. A saber, la inspiración poética precoz, la bohemia universitaria, la conspiración política como el exilio en Londres, la aventura del músico ambulante...; en fin, un currículum que podría elevarse a la categoría de leyenda. Pero como aquí no estamos en Estados Unidos, donde para remediar la falta de tradición histórica les urge tanto la factura y exportación de estrellas del espectáculo que ni siquiera han alcanzado la mediana edad profesional, voy a resistirme a la tentación de nombrar a Joaquín Sabina *honoris causa* de nada. Cada cual es libre de seguir sus huellas por las callejas de las aguafuertes que venden los pintores de la Plaza Mayor de Madrid, o de buscarlo en los bares donde tomarse dos tragos no significa ser poesía. Que el alcalde, si quiere, le dé las llaves de la ciudad "protocultural" que quiere ser Madrid, por revisitarla con su oficio de juglar. A mí siempre me interesara más cómo "Pongamos que hablo de Madrid" pasó de ser una canción de odio a ser una canción de amor a la difícil ciudad donde, a partir de 1977, Sabina vino a echar sus raíces. Me interesará más cómo la canción terminó por hacerse un sitio en la memoria colectiva de quienes nunca poseyeron una verdadera ciudadanía y se sintieron extraños o extrañados, y cómo, con el tiempo, tal vez pase por ser una composición anónima. Desde luego, la propiedad y la emoción con la que la sigue interpretando el músico callejero, igual que si la acabara de escribir, ha conmovido más de una vez a Sabina. Ocurrió que Joaquín Sabina supo enamorarse del barrio de Lavapiés y de las calles de la ciudad que nunca duerme, y que encontró el reconocimiento precisamente en los escenarios de Madrid. Por eso, en señal de agradecimiento, corrigió la última estrofa de su canción, pero comprendiendo que otros, que siguen buscando su público en los tumultos del metro, sigan cantando:

*...que me lleven al Sur donde nací.*

Podría aventurar que Joaquín Sabina nació con los mejores auspicios del siglo del signo Acuario y empeñarme en que su inocencia, vapuleada por los sistemas educativos del nacionalismocatolicismo, le llevó a buscar alivio en la poesía y su adolescencia a rebelarse por la libertad de expresión. Tres picardías y una desesperación, tres afirmaciones de inquietud por ser diferente a los demás hasta los veinte años, y otras tantas anécdotas de las que Sabina se sirve para despachar a los periodistas que insisten en que les cuente su vida y milagros, y no se me podría acusar de falseador, pero sí de tendencioso: estaría suscribiendo la tesis según la cual las condiciones represivas de vida estimulan, como compensación, la fragua de talentos artísticos y de poetas.

Realmente, Joaquín R. Martínez Sabina es Acuario. Nació el 12 de febrero de 1949 en Úbeda (Jaén), pero sin que casi nadie se percatara y, por supuesto, sin que las casas de disco llegarán a sospecharlo. Alcanza la pubertad lleno de granos y hasta que no pega el estirón es un chico bajito…

*I come from down in the valley*
*Where, mister, when you're young*
*They bring you up to do like your daddy done.*

"Vengo de abajo del valle, donde, señor, cuando eres joven te enseñan a hacer lo mismo que hizo tu padre", canta Bruce Springsteen a propósito de las posibilidades de promoción con que cuenta un chico de provincias. Sin embargo, es de justicia advertir que don Jerónimo y doña Adela tenían para su prole la más noble aspiración de la clase media desahogada: qué prolongaran sus estudios en la urgencia de encontrar empleo para ser verdaderos hombres de provecho. Y así Joaquín, el segundo de sus hijos, que parecía tener afición a los libros, cursó estudios primarios en el colegio de las monjas Carmelitas y bachillerato en los Salesianos, con lo que podía asegurarse, ante todo, su edificación moral, para, luego del Preu en un Instituto, gozar de la oportunidad de ingresar en la Universidad de Granada. "Probablemente, de haber trabajado desde jovencito el chico hubiera madurado y no tendría la cabeza llena de pájaros, que la holganza y el aburrimiento no conducen a nada bueno". Pero el impresionable y ceniciento adolescente que era Joaquín entonces tenía una versión más lírica y trágica de su suerte y, antes de cumplir los catorce años ya escribía versos. A los dieciséis años ya se apoyaba en las citas de fray Luis de León, Jorge Enrique y José Hierro para dar autoridad a sus rimas, que clamaban a las soledades parejas en que existían su pueblo y su alma, a los atardeceres llenos de melancolía y a los amores furtivos de un solo beso. Escribe "a un árbol seco" esperando que por una vez nadie sospeche que ha leído a Machado, y enseguida se entrega a la ética amorosa refiriendo inspirarse en Neruda que en Becker, no conformándose con robarle un beso casto a la amada. Y es que Joaquín no sólo escribía versos sino que los repartía cada vez que se organizaban juegos florales en el colegio de las Carmelitas que estaba frente al suyo de los

*Bestiario de estudio y fotomatón. Tratado de psicología evolutiva.*

Salesianos, las alumnas acudían a él para que les prestara sonetos, quintillas o coplas de pie quebrado con qué poder concursar. Sinceramente, se consideraba más listo que los demás, pero eran los demás quienes ligaban con las niñas que a él le gustaban, por lo cual, según me asegura, "odiaba a la humanidad con absoluta dedicación". No le iría tan mal cuando a los catorce años presumía de su primera novia, apodada cariñosamente "Chispa", la hija de un notario de Úbeda que, corrido por las precauciones, decidió llevarse a su hija a Granollers años más tarde para alejarla del espabilado. Inútil empeño. Después de las dolorosas despedidas acertó a recalar en Granada uno de sus amigos más trotamundos, con el que sin perder un instante emprendió una romántica peregrinación para recuperar a "Chispa". La nueva casa de "Chispa" se levantaba en medio de un desangelado solar, como cuadraba a la clausura de una desconsolada, y su padre no pudo dar crédito a sus ojos al contemplar un amanecer desde la ventana: ahí se había instalado, en una tienda de campaña, el cortejador y su Escudero. Los enamorados se fugaron, como estaba mandado, y su aventura acabaría sin dinero y con nieve en el Valle de Arán…

También presume su primera guitarra el por lo demás buen estudiante, a los catorce años. Pocos chavales había en Úbeda que tuviesen una guitarra.

"Aprendí a tocar la guitarra porque en mi casa había una vieja tradición, que consistía en que se regalaba un reloj cuando se aprobaba cuarto y reválida. Yo dije que no quería el reloj, que quería una guitarra. Luego, al cabo de los años, pensando en por qué mi hermano y yo somos tan distintos siendo los dos únicos hermanos, y pensando en cuándo empezamos a separarnos y a definir cada uno nuestra personalidad y nuestra vida, creo que fue ahí. Él eligió el reloj y yo la guitarra". Desde entonces, supersticioso de familia, no ha estrenado todavía su primer reloj. Cree a ciencia cierta que el reloj fue el responsable de que su hermano se hiciera policía.

Funda su primera banda, los Merry Youngs, y toca twist y rock'n'roll en sus actuaciones por Úbeda y la provincia de Jaén. Entonces era la vanguardia y hacer rock'n'roll no acreditaba que uno había escuchado a Elvis Presley, Chuck Berry y Little Richard, pero sí que estaba al corriente de la última versión en castellano que de sus temas hacían los Llopis o el Dúo Dinámico. Versiones en almíbar, pero al fin y al cabo versiones que llegaron a promocionar el "Rock de la cárcel" o "Viene la plaga", aunque a decir verdad la música movida de los guateques siguiera siendo el twist. Curiosamente, el rock'n'roll será de nuevo un rompehielos en la década de los ochentas de este país, y Sabina, con el conocimiento y las tablas de un profesional, lo abrazará tan efusivamente como en los primeros tiempos para anunciarse ante un público nada desdeñable de adictos y, ante todo, porque el cuerpo vuelve a pedírselo. En julio de 1985 se refería a ello en una entrevista para la revista *Robinson*:

"Lo mío ha sido un camino de ida y vuelta. Yo tocaba rock'n'roll cuando tenía catorce años, que es cuando estaba de moda y cuando generacionalmente rompía algún tipo de molde... Más tarde, casi con treinta años volví a tocarlo por pura necesidad, porque me subía todas las noches al escenario de un pub y tenía que oír algo fuerte que me empujara detrás de mí y que me hiciera utilizar el cuerpo".

Joaquín, sin embargo, estaba lejos de imaginarse su porvenir con diecisiete años, y una sola certidumbre estremecía: la de emanciparse, aunque fuera provisionalmente, del hogar; un sueño que, al margen de su minoría de edad, se estaba quedando viejo. No acababa de crecer lo bastante rápido como quería y empezaba a hacer algo cargante la fascinación de pasear horas enteras por la estación del ferrocarril de Linares-Baeza y calcular lo lejos que le podían llevar los expresos que por allí pasaban... El día que el chico se ve en el autobús que le traslada a Granada da botes de contento. Ahí va a comenzar sus estudios de filología románica. "Era comprensible que estuviera ausente de casa como les ocurría a sus compañeros de promoción, al hijo de Fulanito y al de Menganita. Pero lo cierto es que cada período de vacaciones en que regresaba, Joaquín se distanciaba más del cuadro de costumbres casero que tutelaban en el crepúsculo del salón-comedor su madre zurciendo y su padre leyendo la prensa. Había algo en el bienestar y en los momentos más apacibles de su familia que se le hacía irrespirable. Un estado de sitio que luego velaría el testamento enmarcado de Franco junto al retrato del papa en activo (de turno), estratégicamente colgados en las paredes del salón. Con todo, el chico nunca había sido un indómito, y en tanto encuentra los fundamentos de la rebeldía que le latía en las venas y que un día u otro tendría que interiorizarse definitivamente, se aplica su proyecto libro de versos para convertir la nostalgia de sus primeros meses en Granada. *No es fácil ser joven* lleva por inocente título, y está dedicado al recuerdo de su abuelo, que le había obsequiado de niño con "historias maravillosas".

Corresponde a estas fechas uno de sus poemas de síndrome adolescente referido a la crisis de la tarde del domingo que se va sin haber cumplido sus prometedoras delicias al paseante solitario. Sin embargo, a poco de estrenar su cuarto de pensión Joaquín es aceptado por los círculos literarios y pseudopolíticos pre-sesentaiochistas de Granada. Llega a Granada con la intención de aplicarse en la Universidad y se encuentra matriculado en la escuela de la subversión. Puede uno hacerse idea de la atractiva aventura que le supone en 1967. Juan de Loxa, Pablo del Águila, Carmelo Sánchez Muros (hoy poetas con obra y entonces protagonistas del proyecto *Poesía 70)*, que cuentan tres o cuatro años más que Joaquín, le tratan de camarada, y eso le halaga.

A ellos Joaquín, desde su tercera juventud, les reconoce una influencia decisiva en su primera juventud. Se impone, pues, la disciplina de leer a Joyce y a Lukacs para salir a la calle con la cabeza bien alta, y consigue sonetos muy aceptables. Con uno de ellos tratará de convencer a "Chispa", ausente de Granada, de que sólo los versos formales, los alejandrinos, son dignos de expresar el amor incorruptible que les une a ambos; y queden los versos menores del romance para los romances amorosos que, a espaldas de su prometida, empiezan a correr. Llueve en la calle, y el aprendiz libertino, refugiado en un bar, toma apuntes sobre una servilleta para su "Soledad IV":

> *Ahora sería bonito decir:*
> *y ella está lejos…*
> *Sí, quedaría muy bien…*

De un momento a otro, cree que va a renegar del imperativo de la poesía pura y de ser tan buen escritor como Juan Ramón Jiménez, Jorge Guillén o Gerardo Diego. Ha preguntado a Dios la causa de sus desmedidas ganas de vivir y no ha obtenido respuesta, conforme a lo cual, y superada la acreditación inicial ante los escaparates de la primera ciudad que habita, está dispuesto a probarlo todo. Los cuartos que le mandan los papás cada mes desde el pueblo no le van a alcanzar ni para una semana. Se mira detenidamente en el espejo y se le ocurre en los versos que siguen:

> *Al muchacho, después de cenar,*
> *todas las noches*
> *bien le gustaba pasear por las desiertas*
> *calles de la ciudad dormida.*
> *El muchacho era estudiante de Filosofía*
> *y escribía versos,*
> *el muchacho estaba enamorado*

Así describía el joven muchacho sus noches sin estrenar, insinuadas de aventuras en cada esquina y pobladas por los personajes de sus novelas de cabecera, poco antes de explorarlas con su propio pie. Porque estos versos y otros similares les servirán para distanciarse de la imagen de poeta incomprendido que se había forjado de sí mismo y en la que se había acuartelado. Comenzará a conocer los "puertos que la noche ofrece a quien se sienta extranjero en la ciudad", así de poético dicho, porque no pueden ser groseros a los ojos del neófito Joaquín el barrio chino y la media luz de los últimos cafés en cerrar. Toda una atmósfera iniciática en la que Joaquín, temiendo las primeras veces que le venza el sueño, debe frotarse los ojos para no perder detalle. Y como complemento, las fiestas de madrugada en casa de algún amigo y las interminables tertulias sobre intrigas políticas o literatura comprometida junto todo el submundo de la excitación donde vería la oportunidad de codearse con charlatanes y profetas, iluminados y tahúres, conspiradores y genios desaprovechados, buscones y prostitutas de buen corazón para las que el sexo no tiene artes desconocidas, pero de las que puede uno enamorarse también platónicamente. De la mano de los primeros amigos que le iniciaron, y pronto por su propia cuenta y riesgo, burlará el sueño de los justos y de los bien pensantes. Fumará sus primeros canutos y frecuentará los primeros burdeles, sórdidos, como en las novelas nunca se cuenta.

Las juergas nocturnas a la que se ha aficionado todavía las paga con madrugones para asistir a clase, lo cual, sublimado, le hace reflexionar a dónde le lleva realmente su rutina de estudiante. Poniéndose a dieta de centramina para estudiar un mes antes de los exámenes, cualquiera consigue acabar la carrera curso tras curso; ¿y qué? Ha cumplido veinte años, según él, de inseguridades. Porque a pesar de que anteriormente Joaquín es un tipo desenfadado y divertido, y de que además participa en una bohemia activa y agitadora, junto a los veinteañeros que entonces también eran Carlos Cano, Fanny Rubio, Javier Terriente y Juan de Loxa, no puede ocultarse a su diario de versos que fue educado en "el sentido trágico de la vida". O tal vez lo contrario, que para sacudirse la educación recibida no encontró otro camino que afirmarse en "el sentido trágico de la vida". Más de una tarde se le echa encima a Joaquín mientras se pregunta en vano de dónde viene y a dónde va. Y sufre falsas resacas sin haberse emborrachado, y un reconfortante vaso de vino es sólo una metáfora poética, como lo fuera años atrás cuando comenzaba a escribir con la mente clara y más sereno el pulso. Eso piensa él cuando añora los paraísos naturales de su pubertad y el verso en el que cree que entonces creía, horizonte de bellezas y bondades.

¿Cómo escapará el individuo vitalista que quiere ser Joaquín al laberinto revisitado de sus angustias, ámbito al que inevitablemente le lleva a la madurez de muchos de sus versos? Acaso me equivoque, pero sospecho que habrá que empezar a desconfiar de sus versos heridos de amor y de sinsentido de la vida en bruto, y de su primera sed de justicia social. El aprendiz de poeta ya tiene oficio y, encabezando sus poemas con citas de César Vallejo, optará en breve porque sus congojas se queden en lugares comunes de la poesía, en una emoción casi estética y en una formulación cada vez más lingüística y formalista. A ella, su cuerpo y su alma no tendrán el apego incondicional de los catorce años.

Aun teniendo en cuenta esta estratagema en lo sucesivo veremos que Joaquín recae en su convalecencia sentimental. Convalecencia de la que no se repone con una solemne borrachera a sus veinte años y que va a influir en la especial fascinación que posteriormente sentirá por los perdedores. Después de todo, Joaquín Sabina pertenece a esa generación obsesionada con el tiempo de vivir que le robaron sus mayores, que leyó la literatura existencialista y a Proust con cierta complicidad malsana. Y tanto como de sus siguientes años en Londres, donde tuvo que buscarse la vida viendo como otros en sus mismas circunstancias tenían menos fortuna que él, creo que arranca de su edad de universitario su debilidad por las causas perdidas e imposibles. Reflexiona ahora, se siente un antihéroe en la "década prodigiosa" de los sesenta que nunca llegó a su país, y acabando la década siguiente, la del "desencanto", empezará a componer canciones a otros antihéroes y a los fuera de la ley, es decir, a los que en el acatamiento a la Constitución no encuentran los estímulos suficientes para vivir.

Pero basta de cavilaciones. Su tren de vida no se detiene por más que insista en escribir versos lapidarios. Estamos en mayo de 1968 y Joaquín, entre otros entusiastas, madruga con impaciencia para conseguir las primeras ediciones de los periódicos. "De un modo rarísimo, con lo provincianos que éramos, que no habíamos viajado absolutamente nada, pensábamos que lo que sucedía en París nos concernía directamente. Yo tenía mi habitación llena de todas las fotos que habían venido en el *Triunfo* recortadas y pegadas en la pared. No sé por qué canales pensábamos que estaba pasando algo mágico, que nosotros sentíamos de un modo un tanto amorfo pero real". Alusiones a esta fecha histórica, que sorprendió a Joaquín lejos de las barricadas, las encontraremos más adelante en sus primeras canciones. Por entonces coincide en publicarse su oda "Soñados horizontes" en la revista *Tragaluz* que dirige Álvaro Salvador. En su oda habla de construir una casa con los materiales más nobles para convivir con su amor, y no lo hace en broma. Enseguida se pone, metafóricamente, manos a la obra. Meses después se instala por primera vez bajo el mismo techo con una chica. Una inglesa llamada Lesley que prepara su tesis de español en Granada.

## III. RETRATO DE UN ARTISTA ADOLESCENTE

En todas las latitudes de la península empezaban a despertarse las nacionalidades con identidad cultural, estimuladas por lo que desde Cataluña, a través de la *nova cancó,* de Raimon a Serrat, se estaba conquistando: un público y una dimensión política para la verdadera "canción del pueblo", que negara la representatividad del Porompompero de Manolo Escobar promocionado por la radio. Ni todos éramos gitanos como se figuraban los turistas, ni los gitanos eran exponentes y productos de la alegría de vivir en lo que se dio en llamar "la reserva espiritual de Occidente". Por eso, renegando del "nacional-flamenquismo", alrededor del Manifiesto de la Canción del Sur se van a aglutinar los "folkloristas concienciados" de Andalucía. El mencionado Juan de Loxa desde Granada, a finales de los 60, fue uno de los precursores dirigiendo *Poesía 70*, doble proyecto que puso en marcha de publicación y programa de radio. *Poesía 70*, concebida como una revista de poesía, tuvo una circulación restringida por sus cauces de distribución universitaria y marginal. De mano en mano y con santo y seña, por si acaso. No llega a editar la media docena de números, pero en sus páginas se dan cita los primeros textos presentables de poetas y cantautores actuales como Carlos Cano y Luis Eduardo Aute. Su último número reproducía un poema inédito y manuscrito de Vicente Aleixandre y una silueta erótica a cuatro trazos dibujada por Aute, que fue la causa de que la redacción de las revistas se cerrase. También en él colaboraba oficiosamente como poeta Joaquín Sabina, con unas rimas en bruto que más adelante pulirá y constituirán la letra de una de sus primeras canciones, "El tango del quinielista", que graba en su elepé *Inventario*.

Era un tiempo en el que la poesía novel desgarrada, existencialista y experimental contaba con los adeptos que hoy le faltan, porque se creía que verdaderamente era un arma cargada del futuro, como pronosticara Gabriel Celaya. Y aquel sabía por boca del otro, a quien se lo había revelado bajo la cuerda el catedrático o el loco del pueblo, que Alberti y Miguel Hernández habían subido la moral a las milicias republicanas del frente recitándoles romances. Pero era un tiempo también en que aunque aquello de "¡Obreros y estudiantes, todos adelante!", inspirado en Marcuse, seguía siendo una consigna, lo cierto es que unos y otros tuvieron, como siempre, objetivos diferentes. Similares arrojos pero objetivos cualitativamente diferentes. ¿Cómo iba a aceptar de buen grado un piquete de sudorosos trabajadores, con "conciencia de clase", que un intelectualillo imberbe les viniera con que la historia acabaría dándoles la razón y se quedara tan fresco? ¿Cómo iban a entender que la lucha de fondo era la de la cultura contra la barbarie y el oscurantismo? Pues en esas estaba buena parte del sector estudiantil comprometido. Reivindicando la líbido freudiana, el sexo libre, frente a todo sentimiento de culpabilidad y la idea de pecado, una década antes de militar abiertamente en la izquierda y convertir sus clases en asambleas permanentes, encierros y concentraciones para el debate de la situación política del país y la protesta. Los camaradas de la resistencia, liberados de los procesos productivos, leían con avidez a Maiakovski y a Wilhem Reich si conseguían que alguien les trajese sus libros camuflados de allende las fronteras. El universitario se las prometía felices si papá le pagaba una *tourneé* cultural por Europa o si en verano tenía la opción de visitar a un familiar emigrado. Una vez salvados los Pirineos, correría a la cola del cine más próximo para ver *El último tango en París*, y haría acopio de lecturas prohibidas y discos del mejor sonido anglosajón.

Antes de conseguir la licenciatura, era condición imprescindible para el universitario inconformista haber sido lo más licencioso posible. Porque la transgresión de la moral instituida significaba una afirmación de vitalismo y una contienda por la libertad. Una forma de contestación política nada afín a la que propugnaban las movilizaciones del proletariado organizado, pero que tampoco incurría en el delito penal por el que se castigaba al lumpen, la otra clase social "potencialmente revolucionaria".

Joaquín aprende a liar los canutos y a dibujar mapas imaginarios para sus proyectos de viaje a la tierra prometida de la abundancia. Así, en tanto en su cenáculo tratan de reconstruir lo que habían sido "experiencias fuertes" de la generación beat americana y de comportarse como hippies con las pocas referencias que tienen, de puertas afuera tal vez sienten la "urgencia política" de acercar la cultura al pueblo. Para ello las empresas idóneas no son las tunas sino actividades extraacadémicas como la del grupo de teatro "Juan Panadero", en el que Joaquín también participa. Colectivo que debía sentirse, a mucho orgullo, continuador de "La Barraca" legendaria de García Lorca y que escenifica a poetas como Nicolás Guillén o Miguel Hernández, e incluso a algún beat. La tarea de Joaquín era la de poner música a los poemas con cuatro acordes de guitarra. Ya no hacía rock'n'roll como cinco años antes. Resulta que para convencerse de una vez por todas de que sus desalientos juveniles eran vanos (y de que había cosas más importantes en qué pensar), le había preguntado a la guitarra, y la guitarra le había puesto al corriente de los grandes problemones, de las grandes verdades y las grandes mentiras a las que cantaban Atahualpa Yupanqui, Violeta Parra, Raimon y Paco Ibáñez. Canciones en pie de guerra que a quién no emocionaban. Canciones de solidaridad. Canciones de ágape. Canciones directas, valientes, sin retórica ni medias palabras.

Canciones de esperanza. Canciones siempre con los mismos compases y acordes, porque en realidad se referían siempre a las mismas penas y rabias desde tiempos inmemoriales en que hubo pobres y ricos, en que "el hombre empezó a ser lobo para el hombre". Así se justificaba su austeridad. Así encontraban sentido en la austeridad de los tiempos que corrían. Joaquín, pues, escucha a Paco Ibáñez, símbolo sufrido de la resistencia en el exilio que se desayuna cada mañana con los versos de nuestros poetas clásicos, y se inspira en él a la hora de poner música a las escenificaciones de "Juan Panadero". Por cierto, que este tipo de representaciones, casi siempre melodramáticas, las siguen ejecutando algunas aulas de teatro universitario quince años después de que la solemnidad de los tiempos las pidieran. Es imperdonable tamaña falta de imaginación. Seguro de que de haber vivido García Lorca en la década de los ochenta hubiera sido *punky*.

A partir de 1959 podían considerarse expurgadas las sierras de maquis, pero entonces nuevos disturbios empezaron a incomodar verdaderamente al Régimen: los brotes de revuelta en fábricas y universidades. Por eso, para cuando la onda expansiva del mayo francés llegó, ya se tenía una mínima experiencia, y los "profes" que eran entonces Aranguren, Tierno Galván y García Calvo se acordarán de que tuvieron que suspender sus clases prácticas de filosofía: puestas en escena de las tesis de Foucault, contra todos los poderes, con manifestaciones y provocaciones en el campus de la Complutense madrileña, que la policía sofocaba a porrazos.

Es declarado el estado de excepción del 68 y el inspector don Jerónimo recibe la orden de detener a su hijo Joaquín. No hay apelación posible. "Claro, por eso el chaval había venido antes de lo previsto a celebrar las Navidades a casa. Es que ya había visto las orejas al lobo". Debe personarse en Granada para ser interrogado y él mismo lo acompaña desde Úbeda. La situación era tan novelesca como comprometedora para ambos, y el belén que le debió montar don Jerónimo probablemente fue fino:

-Pero ¡qué coño has hecho, payaso! ¡Ahora sí que me vas a poner en evidencia!

O bien, con otro tono:

-¿Quién te manda meterte en política cuando lo que tienes que hacer es acabar la carrera? ¿Qué van a pensar en el pueblo cuando lo sepan?

O bien, poniendo el grito en el cielo:

-¿Es que te juntas con rojos, mariquitas y terroristas?

¡Disciplina es la que te ha faltado siempre! ¡Verás cómo te apliquen la ley de vagos y maleantes!

Aunque haríamos mejor en pensar que don Jerónimo sobre todo, quería evitar con su presencia en el interrogatorio la sanción para su hijo.

-Por esta vez voy a sacar la cara por ti, pero no te hagas más el valiente o me juego el puesto. No te pongas nervioso. Contesta lo que te pregunten y niega todo lo que te pueda comprometer. No tienes antecedentes y no te pasará nada. Se trata de un simple interrogatorio de rutina. Tú tranquilo, hijo.

Don Jerónimo era la austeridad personificada. Hombre de un solo traje de por vida y hombre de un solo bolígrafo, capaz de disgustarse de veras si alguien se lo extraviaba. Joaquín le debía a su padre la afición a los toros (todos los policías son muy aficionados a los toros) y el gusto por la lectura. Y si no hemos mencionado antes que don Jerónimo era policía es porque posiblemente hasta ahora Joaquín no había previsto que pudieran atravesarse tan abierta y públicamente su camino y el de su padre. Su hermano también acabará en el cuerpo de fuerzas vivas, a raíz de ello a Joaquín le dará qué pensar su condición de "patito feo" de la familia, vanaglorias aparte. Hoy sin embargo, libre de todo complejo, es un lector asiduo de novela negra…

Sobre la anécdota de su primera detención, algún periodista ha debido fantasear. En alguna parte se ha comentado que antes de dejarse conducir a la comisaría, Joaquín pidió a su padre venia para proveerse de tabaco en el estanco, y que don Jerónimo no volvió a

*Tiempos de la transición política. Recital en un mitín.*

saber de él hasta que no recibió carta desde Londres... No es cierto. Aún permanecería casi dos años más en Granada, conspirando en encierros y acciones de protesta en la órbita del PCE.

"Yo pertenecía a una especie de grupo político fantasma -cuenta en *El País*-, cuyo éxito se apuntaba el partido comunista y cuyos fracasos eran solo nuestros". Su plan desestabilizador se hace espectacular el día en que para protestar contra el proceso de Burgos coloca un cóctel molotov en una sucursal del Banco de Bilbao en Granada. Las acciones perpetradas al descubierto y sin ninguna profesionalidad. Son habas contadas y más irrealistas que estrategas quienes conspiran con Joaquín, y la redada no se hace esperar. Casi todos los miembros del comando caen detenidos, y Joaquín sabe que escondiéndose no va a hacer otra cosa que dar tiempo a que se sumen más sabuesos a su captura, porque en cuestión de un mes

*Cómo hacer de su hogar un sitio confortable. Las doce de la mañana en el piso de Tabernillas.*

deben incorporarse a filas para hacer la mili. A algunos de sus camaradas les propinaran hasta tres años de cárcel. Joaquín está entre la espada y la pared y decide poner tierra por medio, exiliarse a Londres con todas sus condecoraciones de guerra. Transcurre el año 1970.

No tiene pasaporte y como ninguna organización política ha respaldado su "travesura", tampoco van a facilitárselo sobre la marcha. "Para que escarmiente", a lo mejor llegó a sancionar algún militante de base, de esos que se pasaban el día en las catacumbas, de las juntas de comité a los comités de juntas, más marxista que el propio Marx y más doctrinario que un testigo de Jehová. El militante ortodoxo jamás ha podido aceptar el grupo de la izquierda golfante y traviesa, y el caso es que Joaquín tuvo que manufacturarse deprisa y corriendo su pasaporte: foto propia sobre el pasaporte de un amigo retoques en el sello y visto para sentencia. Con él al último rincón del planeta. A encomendarse a su buena estrella.

El que fuera uno de sus mejores y más influyentes amigos, el poeta Pablo del Águila, se había suicidado un año antes y, de alguna forma, Joaquín le secundaba con su decisión definitiva de renunciar a todo. Renuncia a su carrera a punto de terminar, toda maqueta y perspectivas de futuro, a los lugares que le vieron nacer y crecer y en los que nunca echó verdaderas raíces, ya su "Chispa". De su primer amor le habían separado tantas rupturas y a su primer amor le habían unido tantas reconciliaciones, tantas convenciones sobre cuándo tiene uno edad de jugar, amar y sentar la cabeza, que seguramente sus relaciones tendrían que airearse con una boda tradicional.

Se marcha pues a Inglaterra con Lesley, pero ni la compañía de su novia inglesa ni su comprometida situación con la justicia son causas suficientes y necesarias para emprender el exilio. A la hora de la verdad, es su cultivado instinto de conservación y supervivencia el que le decide. Porque, coyunturas aparte, ¿quién persigue de siempre Joaquín? Aquel hombre que no quiere ser, su fantasma…

No es ideólogo ni un autor censurado, no es un emigrante en busca de empleo, ni su nombre está en las listas negras de la depuración. A pesar de sus fechorías casi terroristas es un muchacho corregible y recuperable para la sociedad, sobre todo merced a la intervención de su padre policía y a la disciplina del servicio militar que le espera.

Joaquín no es alguien que abandone su amada tierra con la única esperanza de hallar un lugar cerca de sus fronteras para añorarla. En términos académicos, no es un hijo huérfano de la generación del noventa y ocho como tantos de su edad y formación intelectual. Más bien es alguien que necesita conocer mundo a cualquier precio, y que ha leído con entusiasmo la lírica del vagabundo en la literatura de la generación beat americana. No será el profesor de instituto que se temía y, por lo tanto, puede aplazar su futuro inmediato. El mundo conocido se le ha quedado pequeño a fuerza de regenerar de una vez por todas de lo que esperan que haga: ponerse la chaqueta si hace frío, desayunar a su hora y preguntar retóricamente a Dios sin esperar respuesta. En última instancia, acaso piensa que no le va a costar mucho renunciar a los paisajes que le vieron nacer y crecer a quien ha fantaseado sobre su pasado y procedencia delante de los borrachos y las fulanas de sus rondas nocturnas de Granada para hacerse valer.

Definitivamente se dice que no va a ser "un chico de provecho". Su exilio, pues, no es político, aunque los hechos objetivos nos lo puedan disfrazar de tal. Lo prueba, en todo caso, el que se vuelva a España, siete años después, no dependa de una amnistía, y sólo le quede pendiente el servicio militar.

Mal que bien instalado en Londres, sufrirá accesos de melancolía y su habitación se poblará de los recuerdos de su primera juventud y echará en falta las agridulces seguridades sentimentales que hubiera podido tener de no haber salido nunca de su tierra. Pero las más de las veces recuperará una actitud crítica hacia ellas, y en cambio lo que tratará es de recapitular sus peregrinajes. Algunos de sus versos, entonces, parecen los de alguien que empieza a envejecer. Hay demasiadas peripecias y maneras de sentir acabadas en ellos, frente a ellos, demasiada distancia, y sobre ellos, demasiado trascendentalismo:

> *Es la hora en que empieza el carnaval*
> *de amigos lejanos,*
> *de amores perdidos*
> *que no volverán.*

Otras veces su reflexión se intelectualizará y abusará de las atracciones. Como consecuencia, lo padecido en carne propia se nos aparecerá como el tópico de una generación.

*Nos enseñaron a morir de viejos,*
*nos enseñaron a vivir a plazos.*
*(…) (…)*
*nos enseñaron que el placer es malo*
*nos enseñaron a crecer a golpes…*
*(…) (…)*
*y crecimos enfermizos*
*faltos de aire y de besos*
*llena la piel de preguntas*
*que contestaba el silencio*
*(…) (…)*
*Pero (…)*
*Nos quitamos la vieja piel a tiras*
*renegamos de todos lo sabido,*
*prometimos pecar a manos llenas,*
*nos hicimos más tiernos y más niños*
*ahora cada día tiene su fruto*
*cada noche su secreto,*
*y el tiempo es una mentira*
*que han inventado los viejos.*

Pero el eterno adolescente que es Joaquín Sabina, según lo ha definido algún crítico, hoy es capaz de acercarnos a su primera juventud con mucha más frescura, más espontaneidad y menos pretensiones. Más vivida en estrofas de algunas de sus canciones, como en la de "Negra noche":

*"La noche que yo amo tiene dos mil esquinas*
*con mujeres que dicen "dame fuego chaval".*

O bien, en una canción íntegra como "Cuando era más joven".
En casa, la noticia de su viaje desató una tragedia. "Verdaderamente era una pena que con solo algunas asignaturas pendientes

no se hubiera preocupado de acabar la carrera". El chico tenía cierto brillo a nivel local y podría haber llegado lejos… Pero esta suerte de lamentaciones no fue nada comparada con los pesares que su familia le participó. A la madre de Joaquín que alguna vez había acariciado la posibilidad de verse madre de cura, no le debieron de contar nada concreto sobre las oscuras circunstancias en que su hijo había desaparecido sin despedirse ni dejar rastro, por eso, ante tantas incertidumbres, se decidió a imponer el luto en casa. Recibió el pésame de algunos allegados y, de quién no lo recibió, aún les separa cierta discordia…

Por su parte, don Jerónimo, poeta impenitente de coplillas en bodas y fechas señaladas, se tomó el emotivo trabajo de recopilar todos los escritos desperdigados de su hijo, pasarlos a máquina y encuadernarlos en un volumen. El hombre puso todo el esmero de que fue capaz en ese homenaje póstumo al chico que, con esa afición de escribir, igual podía haber sido seminarista que un perdido. Lentejas, que era el almuerzo del día en que se conoció el siniestro, no se volvieron a servir en tres años hasta que don Jerónimo y doña Adela viajaron a Londres para visitar a su hijo y las llevaron en un saquito a fin de practicar un exorcismo y conjurar el mal agüero… Entretanto el ingrato hijo no se había dignado a escribir una carta. –Creo recordar -comenta Joaquín delante de una copa en el café Gijón- que en Ubeda siempre estaba lloviendo, y no es verdad. Los años pasados después en Granada fueron maravillosos, pero soy una de las personas que menos nostalgia guarda de su niñez y adolescencia.

*Sesión de retiro y ensayos antes del concierto en el teatro Salamanca que daría origen al álbum en vivo de Joaquín Sabina y Viceversa. Pruebas de Sonido.*

## IV. UN CORRIDO PARA JUAN SIN TIERRA

*We come with the dust and we are gone with the wind*
Woody Guthrie
(Venimos con el polvo y nos vamos con el viento)

CRECER, APRENDER A ESCRIBIR Y MARCHARSE LEJOS DE SU PUEBLO. Esas habían sido las ambiciones de Joaquín hasta haberse instalado en Inglaterra y, ahora, debía reemplazarlas por otras. Su traje de hombre de mundo todavía le quedaba muy ancho y si la diosa fortuna le protegía, era porque en sus correrías de Granada había preservado cierto grado de inocencia. Además, bastantes ingenuidades. La primera y más evidente, la de creer que el pasaporte solo se manejaba para salir de España y no para entrar en la Europa libre. No se había parado a pensar siquiera que el apellido vasco de Mariano Zugasti, por el que se hacía pasar, pudiera infundir sospechas. "Él no era una etarra". Se iba a tener que desenvolver con la identidad de alguien que vivía en Madrid sin buscarse complicaciones y Lesley, mucho más sensata que él, vio imprescindible gestionar algún tipo de legalidad para su situación. Unos amigos abogados le advirtieron que solo obteniendo el asilo político podría recuperar algún día su identidad. Tres días antes, el gobierno conservador de Heat había expulsado del país a Rudy Dutchke, que incluso tenía sus papeles en reglas, y al anónimo Joaquín no parecía aguardarle mejor suerte. El único modo de no ser repatriado sin que se enterara nadie era sensibilizar a la opinión pública en su favor, de tal manera que, tras permanecer unos días escondido y gracias a las buenas relaciones de Lesley, el caso de Joaquín fue objeto de una rueda de prensa y pudo asomarse a las páginas de los diarios británicos. El montaje publicitario tuvo éxito y avalado por él, entonces sí, Joaquín se presentó voluntariamente a la policía con la petición de asilo político. De esta manera tan rocambolesca consiguió su permiso de residencia por un año. Nunca jamás se acordaría de que tenía que renovarlo año tras año, y lo que sí le sugirió la peripecia por la que pasaron sus credenciales fueron los suficientes actos como para ponerse a escribir una pieza de teatro del absurdo… El *Daily Mirror* quiso ser el primero de los diarios más sensacionalistas publicando que a Joaquín le esperaba la pena de muerte si volvía a España. Algo absolutamente falso. Y hasta en su provincia el *Diario Jaén* se hizo eco de su caso. No debió llegar a la redacción del télex de su asilo político pero sí algún periódico inglés, y muy a propósito tituló su nota de prensa: "Un separatista vasco …de Jaén". Era la primera vez que Joaquín Sabina tenía el honor de ser noticia en los diarios españoles y, sin embargo, no ha conseguido archivar el recorte.

A la vez que encontraba absurdo todo el revuelo que se podía organizar porque un don nadie, como era él, pisara tierras civilizadas, empezaba a incubar los sentimientos de culpabilidad de un puritano: no resultaba justo que se apelara tanto por un rebelde sin causa, cuando aún quedaban líderes políticos, activistas e intelectuales que seguían sufriendo la represión en España y, encarcelados o sin medios, no habían visto la manera de exiliarse. Además, a poco de instalarse con Lesley ya se estaba preguntando qué se le había perdido a él en el extranjero que no fueran espejismos y delirios de aventura. Bastó que se defraudara del Piccadilly Circus su primera noche mágica en Londres, para que la congoja de verse solo en la gran ciudad le pusiera un nudo en la garganta.

Durante los cuatro meses que pasa con Lesley en una buhardilla de Edimburgo depende totalmente de ella. No sabe una palabra de inglés, no se atreve a tomar solo el metro y con frecuencia se atemoriza por nada. Lesley trata de que cobre seguridad en sí mismo y de hacerle ver que sólo atraviesa una crisis de adaptación, pero lo único que consigue es acrecentar su nerviosismo. Joaquín y Lesley discuten violentamente a la luz del día y, por la noche, se reconcilian amándose con no menos intensidad. Estaban pues destinados a entenderse. Joaquín acabaría por aprender inglés con uno de los programas intensivos del método "Assimil" y acorralado por los consejos de Lesley, aceptaría que lo mejor era dejarse guiar. Recuperar su expediente académico con un traslado y, después de la gestión de convalidaciones y algún curso de homologación, conseguir graduarse por la Universidad de Edimburgo. Ocupar por concurso una plaza en el Departamento de Lenguas Extranjeras, si le parecía demasiado pretencioso seguir preparándose para acceder a la cátedra, y, en caso de cuatro años, Joaquín o mejor, don Joaquín, se vería convertido en un eminente profesor de español. ¿No quería un enamorado de la libertad ser reconocido en el mundo libre? Le invitarían a congresos, a dar conferencias… Su firma se cotizaría en las publicaciones de más prestigio entre los ilustrados…

¿Qué podía faltarle a un soñador como Joaquín si fijaba su residencia en Edimburgo, la ciudad de los castillos medievales? A lo peor es la cuestión de ajustar la proyección de sus ensoñaciones. En vez de disparar en las vacilaciones de su futuro, recrearlas en la memoria mítica de caballeros andantes y gestas heroicas; tenía madera de escritor y podía llegar a vivir de la pluma fabulando leyendas y mitos de la antigüedad celta y normanda. Y, con el tiempo, prescindiría de la docencia si no era su verdadera vocación…

Lesley había resuelto pasar una temporada en España, seducida por las descripciones de sus gentes y paisajes tanto históricos como naturales propagaron los viajeros románticos anglosajones de Lord Byron. España, la del antiguo imperio, la que tanto Cervantes había dado a las letras universales y, sin embargo la antesala de la Europa civilizada, la tierra de las exquisitas élites y el pueblo temperamental y rudo… Allí había ido a respirar cierta atmósfera de excitación, y a desenvolverse tan circunstancialmente como le permitieran la situación política del país y los recursos de su beca de estudio. Y de ahí se había traído consigo a un personaje consagrado por novelas como *El árbol de la ciencia* de Pío Baroja: latino, sentimental y corredor de fondo de aventuras … Compañero ideal de juegos, noble por naturaleza y agraciado de actitudes; con un brillante porvenir aguardándoles y se cruzaba con quien supiera descubrírselo. Todas esas composiciones del lugar pudieron ser discutidas por Lesley y ninguna de ellas pretendía manipular conscientemente a Joaquín. El caso es que Joaquín no pensó en convalidar sus estudios ni se le pasó por la imaginación que su sitio estuviera en el Departamento de Lenguas Extranjeras de la Universidad de Edimburgo. Probablemente se cruzó de nuevo con el tipo que nunca sería por la calle, en dirección opuesta, ni siquiera puso algo de su parte para reconocerle y se despistó para siempre a la vuelta de la primera esquina. Transcurre la Semana Santa, que Joaquín y Lesley pasan en Londres, y, después de cuatro meses de convivencia, el españolito decide despedirse a la francesa como más de una vez lo ha hecho y lo seguirá haciendo en tiempo de crisis con sus allegados. De la noche a la mañana desaparece en la metrópolis y Lesley, que lo busca en vano, debe regresar sola a Edimburgo. Nunca más la volverá a ver.

> *"when your rooster crows at the break of dawn*
> *look out your window and I´ll be gone*
> *the reason I´m traveling on*
> *don't think, twice, it´s alraight".*

"Cuando tu gallo cante al despuntar el alba, mira por la ventana y me habré ido. Eres tú la razón de que siga viajando. No lo pienses dos veces, no importa", cantaba el impulsivo Bob Dylan que Lesley había descubierto a Joaquín Sabina.

Durante los siete años que permanecería en Londres nunca acabó de deshacer su maleta. Quién sabía qué día no era el elegido para regresar de incógnito a España o cambiar de residencia, pero, entretanto, había que buscarse la vida. Hasta ahora nadie le había enseñado cómo se vive en la calle y tuvo que aprenderlo sobre la marcha, por su cuenta y riesgo. Abusando un poco de la hospitalidad de un buen amigo, que dicen que nunca es abusar, o haciendo noche, a falta de veladas a las que apuntarse, en la Victoria Station. "Saludos, agente, nací viajando" le había replicado Woody Guthrie al policía que lo expulsó del estado de Oklahoma por las trazas de vagabundo que ostentaba, y algo parecido se quedó Joaquín con ganas de objetarle al vigilante de un supermercado el día que los sorprendió *in fraganti* con unas viandas hurtadas. En cambio, tuvo que implorarle la absolución. Vencido el año de vigencia de su asilo político, renovable pero nunca renovado, Joaquín se encontraba otra vez sin papeles y, jugándose el todo por el todo, trató de mover a la compasión al vigilante. "El cebo de un kilo de filetes le podría costar en comisaría la expulsión del país" y, convencido de ello, el vigilante se sintió aún más prepotente. Halagado en el fondo por saber en aquella ocasión investido de poderes, con la entera suerte de aquel buscón que no oponía resistencia en sus manos, resolvió sacarle del establecimiento a cocotazos. Tuvo la negra humorada de hacerle recorrer a Joaquín los cincuenta metros más vergonzosos de su existencia sin rechistar.

-¡Vete y no vuelvas más por aquí!

La afrenta ocurriría en 1973 y, por lo tanto, hace trece años que el verdugo debe sentirse odiado. Desde entonces no volvió a robar nada. Joaquín, que había sido un impenitente caco de libros y que se había visto corrido en Granada, "al ladrón, al ladrón", esta vez hizo un serio propósito de enmienda. En fin, convengamos en que de

*Mili en Mallorca. Exclusiva.*

*Foto de las que nunca se enseñan.*

hurtar libros a hurtar almuerzos, de procurarse el sustento del espíritu a procurarse el de la flaca carne, se hace menos hidalgo y exquisito y algo más grosero. Si cuenta que durante sus primeros meses en Londres se dedicó "a vivir", ha de entenderse que disfrutó su supervivencia.

A pesar de que empieza la resaca "hippie" y de la beatlemanía, aún se respira cierta ebullición en las calles londinenses y Joaquín no está dispuesto, entretanto, ni a cumplir fatigosas jornadas laborales como camillero en un hospital, ni a preparar ensaladas o fregar platos indefinidamente, ni a darse a conocer como hombre-anuncio. Ejerce todas estas faenas, pero pronto se percata de que su condición no es la del emigrado común. La de aquel que se lamenta y añora, abandonado a su suerte chata por el horóscopo. La de aquel cuya carestía material, en virtud de una cuenta de ahorro que nunca sumará lo suficiente para poder volver a España, parece generar cierta pobreza de espíritu. Y pronto decide agenciarse los chelines para el sustento de un modo más divertido: tocando la guitarra en los mismos restaurantes donde podría estar fregando vajillas.

El Club Antonio Machado era uno de los centros frecuentados por el exilio y la emigración hispana en Londres. Había sido fundado por la primera promoción de disidentes, la de los republicanos que huyeron de la península en el 39, y su filiación era comunista. Como foco de la resistencia, a semejanza de otras sedes abiertas por los anarquistas, pretendía unir las fuerzas del trabajo y la cultura en un mismo concepto de exilio. Joaquín entró en contacto con la concurrencia del club en el grueso de la primera manifestación masiva a la que asistía por las calles de Londres. Allí parecían relacionarse, de igual a igual, los respetables republicanos entrados en canas con los estudiantes progres, y los intelectuales y artistas disidentes con aquellos a los que una alarma fundada o infundada les había apresurado a darse a la fuga con lo puesto. Se daba una camaradería que no tenía en cuenta prejuicios de clase social o cultural aunque, si no tenía prejuicios de clase cultural, era porque la camaradería con la ruda mano de obra inmigrada nunca se terció más que a través de sus representantes sindicales… Lo que de entrada en el club más satisfizo la curiosidad de Joaquín fue el aspecto y acento de los vascos, catalanes y gallegos con los que se codeaba. Veinte años morando en España, y no había tenido la ocasión de intercambiar dos palabras con ninguno de ellos. Total, que conviviendo en Londres, en los guettos de españoles y latinoamericanos, y participando de sus actividades recreativas y políticas, adquiriría más cultura ibérica que en toda la letra muerta de los manuales de su época de universitario.

Vinculado al Club Antonio Machado, dirige sesiones de cinefórum, donde se proyectan las películas prohibidas de Luis Buñuel para los estudiantes que vienen a pasar un fin de semana a Londres. Organiza recitales de poesía social y reconstruye el grupo de teatro "Juan Panadero" que abandonó en Granada, pero esta vez con un reparto de exiliados y emigrantes. Las representaciones de obras didácticas como *La excepción y la regla* de Bertolt Brecht, *El cepillo de dientes* de Jorge Díaz o *Pasión y muerte* de Miguel Hernández le llevarán a visitar los clubs de emigrados, no solo británicos, sino belgas y centroeuropeos, y siempre atravesará las fronteras con pasaportes falsos. No hay cuidado de que repare en los riesgos que corre.

Empieza a tomar cuerpo la Junta Democrática en Londres, patrocinada por los políticos de la clandestinidad, impulsada por la convergencia de todos los partidos antifranquistas y apoyada por los reconocimientos internacionales, y Joaquín encuentra cómo contribuir directamente al proyecto: gentes como Raúl del Pozo o Vidal Beneito le avisaban de que se iban a reunir para conspirar a fin de que les preparase acomodo en el primer piso del restaurante Barcelona. Allí tocaba Joaquín la guitarra para la clientela y, ya como de la casa, se tomaba la licencia de servir él mismo los platos a tan distinguidos comensales y de cuidar de que nadie les molestara en tanto conspiraban.

Bien, todo parece indicar que, de 1972 a 1975, Joaquín ha madurado una conciencia política que no traía cuando desembarcó en el mundo libre como un supuesto exiliado, pero creo que quedará muy matizada a lo largo de este capítulo. Puedo adelantar que mientras en el *Boletín de Información Española* correspondiente al mes de diciembre de 1974 se lee: "Joaquín Sabina y Carmen y Jesús pusieron música a la lucha y a los problemas de España y Sudamérica", en un festival de baile y canción popular para los exiliados, nuestro hombre ya ha pasado a ensayar un nuevo autorretrato en forzados pero sugerentes versos delante del espejo:

> *No pudimos ser héroes y, a falta de trinchera*
> *donde entregar la vida, buscando una carrera*
> *vimos con nuestros huesos en la universidad*
> *donde, sino la auténtica cultura, conocimos*
> *la verdad que encerraban los libros clandestinos,*
> *y nos enamoramos de doña Libertad.*
> *(…) (…)*
> *No se tomen en serio, señores que me escuchan,*
> *a quien por divertirse les canta esta canción.*

Poco o más bien nada tienen en consideración estas reflexiones la actualidad sociopolítica que atravesaba España según los titulares del boletín: "Con carácter de urgencia … ¡Amnistía" ¡Solidaridad! -Huelgas de hambre en las cárceles- decenas de miles de obreros en huelga …etc.." Y es que acaso Joaquín no viera cómo solidarizarse más que moralmente con sus compatriotas presos cuando él gozaba de libertad de movimiento en Londres. Algo que había logrado por el precio del riesgo y de la más absoluta provisionalidad en su vida cotidiana. Facturas que otros nunca estarían dispuestos a aceptar. Lo que tampoco iba a ser era volver sobre sus pasos, ahora que ganaba su manutención tocando la guitarra, para compadecer al emigrado. Padecer con él fregando platos no arreglaba nada. Por otra parte, el teórico del socialismo nunca podría asimilar que un inconformista se plantee su baza fuera del marco económico de la lucha de clases, y, en este momento, Joaquín es alguien desplazado. Por eso escribirá "A guisa de prólogo", para quienes quieren conocer su "memoria del exilio": "Durante estos cinco años en Londres he llevado, como las putas, una doble vida: cantaba boleros en restaurantes, por las noches, para poder comer y pagar vicios, mientras que, en los días festivos, me transformaba por arte de birlibirloque en cantante comprometido (?) A favor de todo tipo de causas nobles (?)."

Las interrogantes del texto no son míos sino suyos, y ponen en entredicho lo que ni a Lluis Llach ni a Paco Ibáñez se les ocurría dudar: que la canción protesta armara a los oprimidos. Tal vez fuera cuestión de *status* y de ahí que Joaquín Sabina tuviera que empezar a subirse a los escenarios de telonero de cantantes como los citados.

Bien, por ahora nos interesa más saber que es a partir de 1975 cuando Joaquín Sabina comienza a probar suerte componiendo sus propios temas. Concretamente, Joaquín cuenta que un día decidió encerrarse en su habitación y no salir de ella sin una canción escrita. Cuando por fin se dejó ver ante sus amigos cariacontecidos, les mostró sin pestañar y como si nada hubiera ocurrido su primera canción, interminable, nefasta y autobiográfica, a la que seguirían cincuenta y dos, más inspiradas, en el tiempo récord de un año. Aún así, pasará bastante todavía hasta que se atreva a interpretar ninguna de ellas. Desde luego, no puede hacerlo en el Club Antonio Machado, donde más recitales ofrece por el momento, ni con ocasión de los mítines políticos en los que se le invita a participar, porque allí el público quiere encenderse y colorear los temas clásicos de la canción comprometida (sobre todo latinoamericana). Para conseguir rodearse de espectadores en la calle o en los pasillos del metro, hubo de reclamar sus oídos al son de "cielito lindo "o de "Guantanamera". Interpretaciones similares esperan oír los comensales de los restaurantes latinos donde actúa: Melodías que les endulcen el café de la sobremesa, y no las penas de uno de los muchos músicos que recorren la ciudad con una guitarra a la bandolera.

Mimos, faquires, payasos, pintores del adoquín y todo tipo de instrumentistas, junto a los negros llegados de las colonias que ofrecen su artesanía nativa, los árabes con sus mercancías decomisadas de bazar, los contrabandistas y los hippies urbanos detrás de un kiosco ambulante de abalorios aportan el colorido y el bullicio festivo al falso folklore londinense. Posan para el objetivo de la Kodak del turista y reclaman la atención del curioso. Los artistas callejeros, como las putas, hacen circular toda una economía sumergida de subsistencia, pero gozan de la reputación de los profesionales liberales con respecto a los camellos, el hampa acuartelada en los suburbios o el mafioso de poca monta, tratantes todos ellos de dinero sucio. Sin embargo el gremio de los músicos y cantantes callejeros no es uniforme. No sólo se distinguen por su sonido andino, salsero, godspell, jalisco, flamenco, country y blues. El hombre orquesta prescinde de una banda porque él solo, con pies, manos y boca, es capaz de hacer vibrar a un tiempo instrumentos de cuerda, percusión y viento. El gitano zapatea porque es lo que ha hecho toda la vida. El tuno porque está en edad de ello. Unos latinoamericanos tocan el charango para recaudar fondos para la revolución de su país y otros no. El que no tiene otro trabajo es lo primero que cuenta a quienes pide la voluntad después de su discutible recital. Y, en fin, el músico profesional toca en el Metro o en un cenador a falta de mejores escenarios. Tienen horarios y regímenes diferentes de trabajo los músicos que están de paso o gira, aprovechando las temporadas altas de turistas, quienes deambulan todo el año por la ciudad, según las temperaturas, a cubierto o descubierto, y quienes pretenden hacer carrera como animadores de un restaurante. Unos aporrean su guitarra las veinticuatro horas, hasta quemar todos los pasillos del Metro y a la clientela de las terrazas de los bares, y otros que respetan las reglas de la competencia leal entre los músicos y no tocan para recaudar menos de equis billetes. Pero, sobre todo, existen buenos y malos músicos. Músicos de conservatorio y solistas de buena voz y mejor interpretación, los viejos copleros continuadores del antiguo arte juglaresco de los ciegos, con los que se practicaba la caridad de la limosna, y aquellos que intentaban sacarle algún sonido coherente al instrumento desafinado. Yo he visto incluso a quién hacía que temblaba una guitarra sin cuerdas, convencido del chollo de qué más importante que ofrecer música era vender imagen…

La primera promoción le alcanzaba el músico cantante callejero con pretensiones cuando era contratado por un pub o restaurante y podía prescindir de tocar en la calle o en el Metro por la voluntad. Una vez rodeado por un público más o menos respetuoso, podría intercalar composiciones propias entre los temas consagrados que debía ejecutar para asegurar los aplausos. Esperaba noche tras noche la fortuna de ser escuchado por un productor discográfico camuflado entre la clientela del local y, si se internaba en la madrugada, corría un riesgo: el de acabar su carrera de compositor como artista de variedades en un music-hall o decorando los tiempos muertos de los entreactos de un cabaret. Casi siempre evaluado por el público. Definitivamente ignorado, amanecía algún día a duras penas, con pronunciadas ojeras, de telonero en el concierto de alguna estrella.

Muchos serán los llamados pero pocos los elegidos. Sin embargo, eran bastantes los que satisfacían cómo divertirse haciendo música y poder vivir de ello con cierto prestigio en círculos reducidos. Joaquín Sabina llegó a ser el rey de un pequeño circuito de restaurantes latinos y, en uno de los más fuste, el Mexicano-Taberna tuvo ocasión de tocar a George Harrison. Bueno, el divo se hizo reservar cubierto ahí, y Joaquín rondó su mesa dedicándole "Happy birthday to you". Harrison celebraba su fiesta de cumpleaños, sintióse generoso y le soltó cinco libras, que aún guarda hoy. Joaquín entendió con la largueza que "lo poco agrada y lo mucho cansa", y se alejó en su mesa con la música a otra parte … También Joaquín puede presumir de haberse hecho escuchar rancheras por Richard Chamberlain o Liz Taylor cuando aún carecía de nombre. Pero lo más gratificante de su experiencia como juglar "todoterreno" fue el hecho de no acabar de considerarlo nunca como una faena de personas serias. De pequeño se había convencido de que eso de trabajar solía consistir en levantar tapias, despachar en una tienda o cuadrar contabilidades de un banco. Algo desagradable y fatigoso para el trabajador, porque para eso le pagaban por hacerlo … Y si alguna vez había deseado hacerse mayor para poder trabajar era solo a fin de comprobar a qué sabía realmente el descanso del fin de semana o de unas vacaciones. De ahí que, cuando recibía correspondencia de sus padres apresurándole a buscarse un empleo como Dios manda, ya que parecía decidido a residir en Londres, se sintiera halagado de hacer creer que andaba todo el día de juerga y no se preocupara de tratar de explicarles que su forma de ganarse el pan con una guitarra era perfectamente legítima. Y es que incluso no estaba visto de reojo, como los sigue estando muchos años después en España. Todo un lord inglés le propinaba unas monedas al artista callejero, y no lo hacía por socorrer a un mendigo o a un parado, si no, bastantes veces, en reconocimiento de su mérito. En el fondo, es una cuestión de tradición, civismo y nivel cultural del promedio de la sociedad, y aquí siguen sin manifestarse ninguna de las tres cosas.

Joaquín siempre residió cerca de Portobello Road, que era el enclave del mercado y donde más localizada estaba la bohemia. Aunque solía convivir con gentes latinas, fue un asiduo también de locales como el Six Hundred and Six. Era un club privado muy cutre, en King´s Road fundado por músicos de jazz y rock and roll ingleses, muy buenos todos ellos, pero considerados de segundo orden al no contar con el reconocimiento multitudinario. Allí se daban cita para cenar y tomarse las copas después de acabar sus actuaciones en un pub y otros clubs, iniciando sus veladas a las 3:00 de la mañana. Incluso en aquel lugar se dejó ver John Lennon, aunque solo por una noche. Joaquín no llegó nunca a tocar con músicos o bandas anglosajonas marginales, pero lo que sí hizo fue a asistir a los conciertos que los Rolling Stone y J.J Cale ofrecían a sus hordas de fans incondicionales. Concierto con los que hacían transpirar a la juventud que les encumbró a la categoría de super-star y en las que se respiraban efervescencia y el culto a la teología del rock.

Quienes en la Nova cancó catalana de los años 60-70 se acogieron a la influencia del rock progresivo anglosajón y a su *modus vivendi* fueron considerados la disidencia dentro de la residencia. Me refiero al Grupo de Folk, al que perteneció Sisa y cuyo paradigma fue la evolución dylaniana del folk a la acidez del rock, que quiso demostrar que había otros sonidos aparte de aquel que comercializaba con descaro la canción veraniega y reaccionaria, y del que descuidaban Raimon y Els Setze Jutges para la canción social. El paso adelante en la terminología de la reivindicación enfrentaba la contracultura a la cultura, con cuyo programa el cantante social pretendía los levantamientos populares.

Para Pau Riba, otro de los componentes del Grupo de Folk, cuyos discos escuchaba Joaquín en Londres, el interés por la cultura era el de recuperar figuras antiguas y un orden social perdido, pura nostalgia burguesa que la contracultura no admitía porque aspiraba a una nueva calidad de vida. La contracultura siempre pasaría por apolítica y ácrata y, según él, llegaba al fin a revitalizar el sustrato cultural Mediterráneo después de originarse en San Francisco y hacer escala en Nueva York, Londres y en París en 1968. Pero mientras en Barcelona los heterodoxos, descendientes de una tradición interrumpida con la dictadura, se preocupaban por las definiciones, en el foro de Londres sólo se daba un relevo en las composturas prácticas de las jóvenes generaciones contestatarias y se superaba la rivalidad entre rockers y mods. En Londres, prototipo de *status* y sociedad industrial avanzada, llegó el desencanto para quienes habían crecido con la mitología de los sesenta, pero no para sus hijos escépticos. Los hippies urbanos que no migraron a las praderas no

*Fumando Negro en La Mandrágora,*
*con sombrero de bombín y cara de póker.*

tuvieron más alternativa qué endurecerse o sucumbir. Los setenta, pues, fueron años de reciclaje. Unos acostumbraron su oído al heavy metal, otro sintonizaron con la corriente reggae, oriunda de las rastas jamaicanos, y la fracción más intransigente se radicalizó: en tanto en la reflexiva Centroeuropa empezó a politizarse de nuevo con chapas y pasquines ecologistas, en Londres adoptó la indumentaria y sensibilidad punky. Marcó su territorio en las zonas desahuciadas y entre los desechos de la sociedad consumista, y sus tribus organizaron las primeras comunas *squatters*.

En Londres las experiencias piloto de *squatters* se hicieron fuertes y pronto se coordinaron en un movimiento con base reivindicativa en el derecho a la vivienda y el hábitat cultural. Probablemente hoy ya no puedan desarticularse con brutales desalojos como el de la calle Ámparo del barrio de Lavapiés en Madrid (noviembre de 1985), donde Alberto y sus colegas intentaron animar sus centros *squad* con visto bueno incluso con el apoyo, del vecindario. Joaquín Sabina se ofreció entonces a ayudarles económicamente y a tocar en sus locales para promocionar la causa, acordándose de que él también habitó por temporadas casas de krakers londinenses. La primera vez en West Bromnpton Road, con continuos cortocircuitos en la vida de pareja que mantuvo con Sonia. Y la segunda, a lo largo de todo un año en Portobello. Allí los *squatters* tomaron el área de una manzana, cuyos edificios habían sido desocupados para remodelar, desentendiéndose de pagar alquileres y contribuciones, luz y agua. Frente a la casa de Joaquín se había instalado un circo, y él recuerda que con la compañía llegaron a inaugurar unas fiestas patronales en el barrio. De su segunda época data un siniestro que no cuenta si no está delante de su amiguete de Logroño, como el testigo presencial y superviviente, pero que yo contaré: Había previsto que lo abuchearan por tocar la guitarra, que le negaran la voluntad e incluso el saludo, pero jamás que le disparasen un tiro y, sin embargo, aquella noche lo hicieron. Lo jura por lo más sagrado. De acuerdo con que molestaban a los vecinos tocando a altas horas de la madrugada, pero podían haberles advertido con unos golpecitos en el tabique, haberles denunciado a la policía o, si me apuras, haber disparado primero al aire con *ultimátum*. Cuando Joaquín y los demás huelguistas se tiraron al suelo, ya la bala había silbado entre sus cabezas y se había de encontrar en la pared, pero por si se repetía el atentado fallido, permanecieron aún a cubierto y por supuesto clausuraron la fiesta…

Tal vez una de sus relaciones de pareja más arraigada la haya mantenido Joaquín con Sonia la hermana de Carlos Tena. Pero, arraigada, en virtud de que en ella se enfrentaban los instintos más crudos o si se nutrían de *shocks* emocionales y no del tiempo muerto de la convivencia. Cada dos por tres el roce les producía mucha alergia y descarga de alta tensión que solo se cesaban con el estallido de una tormenta. Por ejemplo, el día en que Joaquín, arrebatado, resolvió dejarse de apaños y hacer literal el dicho de "tirar la casa por la ventana". Dicho y hecho. Buena parte del mobiliario del cuarto piso donde vivían fue a estrellarse contra la calle, para riesgo de transeúntes desprevenidos, y la paz volvió a reinar en la casa y en los corazones. Había que buscar algún culpable en la destructiva relación que les unía, y "ni tú ni yo, sino otras nuestras circunstancias". Pagaron las naturalezas muertas. La solución, en el fondo, fue cabal y orteguiana… Pero que Sonia y Joaquín estaban predestinados a encontrarse se probó un buen día de Reyes. Decidieron celebrar la fecha intercambiándose obsequio, y cada cual por su lado salió de compras. Joaquín merodeó por el barrio, y en una tienda de antigüedades cutre y con carcoma adquirió por una libra un atril de libros que podría figurar la talla de un barco, bonito pero facturado. Londres está lleno de anticuarios y, casualmente, Sonia, cuando regresó, dijo haberse desplazado hasta el extremo opuesto de la ciudad para acabar también en uno de ellos. Los dos competían por sorprender con su presente y ser sorprendidos a la vez. Y cuando Sonia desempaquetó, ¡qué contingencia!: el recorte de otra pieza que en su día fuera atril de libros; Joaquín no pudo dar crédito a sus ojos.

Idéntica turbación se apoderó de Sonia cuando Joaquín mostró con temor su regalo. Y ambos, como cumpliendo un rito iniciático, mudos y pálidos, comprobaron que, efectivamente, las dos piezas casaban y recomponían el diseño original del artesonado atril …

Lo interpretaron como una señal de signos y designios y, sin embargo, enseguida supieron que la relación que mantenían no podía ser menos provisional que el tipo de existencia a salto de mata que llevaban. Quien vino a apartar a Sonia del lado de Joaquín fue un amigo traidor, el Buli, del que más adelante el traicionado nos ofrecerá una descripción favorable sin rencores. El Buli y Sonia forman desde entonces pareja, pero los cortocircuitos que tengan o dejen de tener ya no nos incumben. ¿Se reprocharían algo Joaquín y Sonia si, doce años más tarde, se volvieran a encontrar? ¿Se reconocerían? Bien, me había resistido esta vez al morbo especular, pero como quiera que la casualidad dispuso que coincidieran antes de acabar mi libro, retomo estas líneas y salimos de dudas. El encuentro es muy breve y transcurre en un café-concierto de Malasaña, en Madrid, que se llama Elígeme y no *Vuélveme a elegir*. Después de la sorpresa y los saludos, poco más. Joaquín arriesga una galantería y Sonia se lo agradece; por orden de intervención.

-Estás más fea…

-Y tú más viejo.

Noviembre de 1975. Las primeras páginas de todos los diarios solo esperan confirmar la noticia: ya han elegido sus titulares. La BBC de Londres de la primicia informativa y resulta ser una falsa alarma. Por fin muere Franco, después de una larga agonía, y mi amigo Jorge puede revelar el secreto de su maleta, un mes custodiada, sembrando la calle con los panfletos a ciclostyl de la buena nueva que el partido había previsto. La historia se detiene en un bar y brinda por la nueva era. Se acaba el champagne, como cantará Sabina años después, en varias leguas a la redonda de Madrid, y en Londres ameniza la fiesta una orquesta verbenera frente a la cancillería española. Ante el estupor de las personalidades que expresan y que reciben las condolencias, las autoridades municipales la toleran. "Nada de marchas militares. Con permiso la autoridad, la murga al luto", disponen los exiliados pues han alquilado la orquesta para que suene toda la noche del 20-N entre los sacrílegos está Joaquín.

El acontecimiento le sugirió a Joaquín hacer balance de lo que no sólo podía ser un paréntesis de siete años en su vida. Pero cuando se puso a redactar su testimonio del exilio intuyó que mejor que nada podía servirse de una recopilación de las canciones que hasta entonces había escrito. ¿Debía interrumpirlo todo para hacer el equipaje como muchos otros y reclamar para sí el carnet de patriota? Era pronto para pronosticar las consecuencias de la conmoción política a la muerte de quien había dejado todo "atado y bien atado", y eso mantuvo aún en la expectativa a bastantes ; pero es que, además, Joaquín no fue de los que cayeron en la trampa de celebrar el misterio de la redención. Con la muerte de Franco nadie quedaba redimido de sus pecados de omisión. Y pudo comprobar cómo algunos de su generación cantaban victoria para luego exigir una imposible indemnización de años quemados en la resistencia, del tiempo de vivir malogrado al acecho, desviviéndose.

*Memoria del exilio* fue, pues, el título de un libro de poemas para ser cantados y de canciones propiamente dichas que Joaquín dedicó a la Pitu, a Sonia, a Nicolás a Isabelo, a Publio, a Aurelio Díaz, "el Bulli", a Luismi, a Begoña y al Novillo prioritariamente. Vio la luz por abril de 1976 en forma de libreto, muy artesanalmente, con la editorial Nueva Voz y una tirada de 1000 ejemplares costeada por el propio autor. Al ser una autoedición, la distribución corrió también de su cargo y, ejemplar a ejemplar, se vendió toda la tirada en Portobello. Será que por entonces Joaquín pensaba que se canta o se escribe mejor cuando se está deprimido, porque el tono dominante del libreto es pesimista. Hace pocas referencias a los buenos momentos "nes-café" que disfrutó en Londres, y eso sólo admite dos hipótesis: o bien que Joaquín los falseara voluntaria o involuntariamente para hacerse eco y portavoz del sentir de su generación, o bien que cuando ahora me cuenta sobre sus años en Londres, a largo plazo, solo se acuerda de lo "guay" que lo pasó y no de penurias e hipocondrias. Es natural que, de acuerdo al principio del placer, su memoria tienda a olvidar lo desagradable y a revivir las satisfacciones y los riesgos corridos y las aventuras cuyo final feliz le permiten estar donde está y poder evocarlos. Joaquín debe además reconocer que la tentación de los disfrutes censurados y la ingenuidad de soñar con la utopía revolucionaria tuvieron su gran atractivo y prolongaron indefinidamente su adolescencia y la de los más osados, porque eso fue lo que les marcó de una generación por muchos considerada perdida, a la que pertenecieron por edad y cultura.

Pero lo más significativo de lo que Joaquín quiso que quedase escrito como referencia de su exilio es la escasez de consignas políticas que baraja. Y, lo más importante, su voluntad expresa de empezar a cantar las propias composiciones si le dejan y alguien le quiere escuchar. Su profesión de fe reza como sigue:

"Creo en la canción como género impuro, efímero, de taberna, de suburbio; por eso amo el blues, los tangos, el flamenco."

> *Hace falta un hombre ansioso para cantar una*
> *canción de ansiedad*
> *Hace falta un hombre ansioso para cantar una*
> *canción de ansiedad.*
> *Hace falta un hombre ansioso para cantar una*
> *canción de ansiedad*
> *Estoy ansioso ahoraaaaaa.*
> *Pero esta ansiedad no va a durar.*

repetía el estribillo de una de las viejas canciones de Woody Guthrie, aunque, en realidad, vale también poner en boca de Joaquín Sabina una declaración del veinteañero Dylan: "tenía tiempo para tocar la guitarra, para cantar y para escribir. Pero nunca tuve tiempo para preguntarme por qué lo hacía."

Joaquín, que no ha dejado de escribir y volver sobre sus escritos a pesar de sus continuos cambios de pareja, oficio y domicilio en Londres, decide sacrificarla la pervivencia en el tiempo de sus "obras completas" por alcanzar la posibilidad inmediata de sentirse leído con la palabra "viva" entre los labios. Por sentirse escuchado y por conocer las caras y las sensibilidades que pueden tener quienes los escuchan. Muy atrás le queda aquella época en la que había creído que acumulando recursos estilísticos y un vocabulario escogido podía ser del sentimiento que alimentaba su poema algo más olímpico y universal. "Mis canciones quieren ser crónicas cotidianas del exilio, del amor, de la angustia, de tanta sordidez acumulada que nos han hecho pasar por historia", apunta el prólogo de su libro. Aclimatado mal que bien o bien qué mal en Londres, en el centro de sus sueños de autosuficiencia ha acabado por cerciorarse, a ejemplo de León Felipe, de que la poesía es lo que se vive o no es nada, son las pasiones que en cada momento creemos definitivas y, sobre todo, esa magia de poder tatarear con un número limitado de notas infinitas melodías. Conformándose con esta última gratificación y después de años de estudio, Joaquín Sabina, que no era mal guitarrista, hubiera podido llegar a ser un músico virtuoso. Sin embargo, será por su incapacidad para la abstracción que decide servirse mejor de las palabras que las melodías para sensibilizarse con el mundo que le rodea. Ese mundo sórdido, de sentimientos encontrados, al que pertenece por cuna, pero en cuyo subsuelo se halla la verdadera sordidez de los verdaderos proscritos que nunca harán la revolución.

Cuando la taberna en la madrugada son frías y no reúnen a una bohemia soñadora, entonces la propia soledad no admite demoras poéticas y solo puedes cicatrizarse con un blues envenenado. Así nace el "Blues de tu ausencia", en el que el imposible regreso de un amor le encontrará aún en vela,

> *viviendo en esta ciudad*
> *de borrachos que vomitan*
> *en todas las esquinas del invierno.*

Si a Joaquín no le asiste ninguna pena amorosa que le haga pisar tierra hay que ponerse en guardia, porque entonces se embarca en añoranzas de su adolescencia, a las que ya nos hemos referido en el capítulo precedente, y toca puerto en los laberintos del existencialismo más recalcitrante. Se estriñe de existencialismo. Pero en buena medida, los centros de gravedad de su memoria del exilio están en sus versos de amor y desamor. Cuanto más cotidianos y menos magníficos, mejores:

> *Entonces*
> *paseábamos juntos*
> *por el parque,*
> *y pensábamos*
> *que hacer la revolución*
> *sería algo parecido,*
> *casi tan dulce,*
> *como abrazarnos desnudos*
> *en el piso de Juan*
> *las tardes de domingo.*

Hay que reseñar que el poema al que pertenece esta cita lo comienza Joaquín durante su época de universitario, en 1969, y no lo da por terminado hasta 1975. Al margen de las cualidades estilísticas de su arte final, que el poema haya fermentado tanto tiempo, como un vino generoso, que diría el crítico, reconoce cierta constante en su sensibilidad. Al fin, en ese ideario adolescente de la revolución el que plasmará en *Inventario*, el primer elepé que grabará nada más volver a España. Paradójico título el de *Inventario* para la carpeta de presentación de un autor desconocido por el público. Casi todas las canciones que incluye están seleccionadas de *Memoria del exilio*, unas íntegras y otras remozadas, y cómo incidirán a deshora en el ánimo de los pocos que lo escucharon, y repasaremos ahora sus letras atendiendo a su fecha de composición.

El título al elepé lo da una canción que pretende ser de las señeras. En ella conviven la pasión y el temor, y se enumeran las frustraciones y el impensable equilibrio emocional de sentirse vivo. Las secreciones internas y externas: humores, bilis y semen. Está escrita en el desván del deseo y en los rincones que nunca se barren de la casa y es, en resumen, una larga letanía de amor apolillados, consciente de todas las trabas que la truculenta época de criptas y oráculos ha puesto al enunciado del sentimiento puro. Así de inexpugnable. En otra ocasión de contenido aproximado pero triunfalista Joaquín se decide misteriosamente a roturar la "Donde dijeron digo, decid Diego". Y gira en torno a la licencia al placer que, a él y a otros como él, siempre les negaron los tutores y tuvieron que conquistar junto al oficio de vivir. A la zaga de los dos temas anteriores, en cuanto a gravedad, "Mi vecino de arriba" refleja un cuadro de costumbres. Pone en evidencia y fustiga al respetable ciudadano de posición, familia en casa y supuesta moral, y nos hace guiños para ganar nuestra complicidad jugándole picardías. En la sombra, "40 Orsett terrace". Es un tema festivo, suma y sigue de todo el material de derribo que debe desechar un compositor cuando no sabe qué contar, pero se empeña en escribir una canción. El "Tango del quinielista" desarrolla una historia de folletín, pero sin final rosa. Y "Mil novecientos y ocho", altisonante, estaba tal vez destinada a brillar con luz propia. "Tú y yo acabamos de nacer", canta Joaquín Sabina, ahí hubo la suerte de que entonces las doctrinas de la liberación se utilizaron y de que todos los revolucionarios y heterodoxos de la historia fueron invitados sin discriminación a la fiesta. Como en todo carnaval, sin embargo, nadie pudo evitar los brotes de la danza de la muerte en Vietnam Praga o México.

> *y mientras Che Guevara murió en Bolivia,*
> *en Londres las piedras bailaban rock.*

Sabina es consciente de contradicciones como esta y acaba por aceptarlas. Esa facultad suya para sentirse eufórico o deprimido, en sintonía con las coyunturas históricas, vía satélite, aunque sin llegar a responder más que de su propia piel; esa certidumbre de que todo hombre sensibilizado está haciendo historia a despecho de que la prensa no les cite, será la catapulta que le abra el acceso a los nuevos tiempos que se avecinan. Se convertirá en un lúcido cronista de su época, sin más pretensiones ni compromisos adquiridos. Ya nadie va a creer en los profetas y menos en los héroes muertos. Y la actitud pasiva de quien conoce la injusticia y la denuncia pero sin remendarla, podrá pasar por cobarde, pero también por un honrado rechazo a que le pueden tomar a uno por un falso redentor. Santo ya sólo se puede llegar a hacer ejerciendo de misionero en el Tercer mundo.

A otra cosa:

> *Sobreviva, imbécil: es el rock o la muerte;*
> *beba Coca-Cola, cante esta canción;*
> *que la primavera va a durar muy poco*
> *en mil novecientos sesenta y ocho.*

Así acaba Joaquín Sabina su canción, y está rayando esa actitud retrógrada que alguien tan despabilado como Moncho Alpuente acusará en "la izquierda de boina". La actitud de aquellos que ignoraron el rock de los sesenta por evasivo y por ser producto de las multinacionales y que dos décadas después lo reivindicarían a destiempo. Pero a pesar de tener la oportunidad de darse a conocer como telonero de Paco Ibáñez y Elisa Serna, Pi de la Serra y Lluis Llach cuando cantaron sucesivamente para los exiliados de Londres, Sabina no podrá ser incluido en la familia militante al no compartir sus fobias ni aprensiones. No podrá llegar a ser nunca, en todo su rigor, un cantante político (si acaso alguna vez lo intentó). Porque cuando él regresa a España el cantante político ya ha cumplido su función, se me deberá objetar, pero también por pudor a desgastar aún más el lenguaje de la utopía. No obstante, otra de las composiciones que aparece en *Memoria del exilio* y que luego incluirá en *Inventario*, la última que nos queda para comentar es "Canción para las manos de un soldado". Un consabido panfleto. Entre mil manos, Joaquín parece capacitado para reconocer las del labrador, las del parado, las del alcalde, las del obrero, las del cacique y las del soldado de su pueblo, y en vez de redactar un tratado de quiromancia, que hubiera sido lo más productivo, se emplea en una canción que pudiera firmar Peter Seeger. "Cuenca del desencanto", que nunca grabó, es otra de sus coplas de solidaridad, esta vez con la lucha del subyugado pueblo chileno. ¡Qué ocasión la de haber podido tutear, con ese pretexto, a Pablo Neruda, a Víctor Jara y Violeta Parra en las trincheras!, ¿eh? No quisiera ser irrespetuoso al tildar estas coplas de ripiosas, y celebraría que algún andino se hubiera reconfortado escuchándolas... No es el oportunismo su defecto, sino, precisamente, que están escritas a miles de kilómetros del estado de sitio: solo demostración de que la calidad de ciertas emociones pueden atravesar todas las fronteras. Sospecha: Joaquín, conmovido, hubiera tenido el coraje entonces de alistarse en la guerrilla anti Pinochet...

Si en los demonios de las figuras y metros poéticos ya había conseguido desenvolverse con talento, no se le puede exigir otro tanto a sus primeras canciones. Duda de que ponerle música a un poema no equivalga a escribir una buena canción. Cree aún que la canción es el pariente pobre de la poesía, y de ahí que los textos que concibe para ser cantados se muevan entre dos aguas, llanos pero sin estribillos, y, sobre todo, que resulten interminables discursos. Después incluso de la criba de versos que lleva a cabo para las letras de *Inventario*. No puede negársele muchos aciertos y originalidades a las canciones de su exilio, pero no son rescatables hoy ni en forma ni en contenido. Sí, en cambio, creo que lo pueden ser estas líneas distraídas en las que Joaquín, tras haber agradecido al "Buly" y que le haya salpicado de dibujos el libro, no lo describe generosamente, anticipándonos su facilidad para la descripción de tipos que luego desarrollará:

"El Buly es de Huelva por nacimiento y por vocación. Si hubiera vivido en el siglo XVII sería un hidalgo arruinado; si no fuera pintor sería banderillero. Ejerce de andaluz y teme la barbarie y la calvicie. Le gustan los pajaritos de colores, Picasso, los jerseys puestos al revés, las mesas de camilla, los relojes para dos. El Buly, antes de saber pintar la casita con tejas y el árbol, ya pintaba brazos distorsionados y ojos sin párpados. No sabe lo que exponer y jamás ha vendido un cuadro; jura que no roba ni mata, pero no conseguirás que te diga de qué vive…"

Hay, de todas formas, tres canciones nunca oídas en *Memoria del exilio* que podrían gustarle a mi querido lector: "El hombre de la calle", en la que Joaquín hace protagonista de la Historia, con mayúscula, al ciudadano cero, que nace, crece, trabaja, se reproduce y muere sin preguntarse nunca a son de qué; "La muchacha que veía pasar los trenes", cuya ternura me recuerda lejanamente a la que necesitó Dylan para componer "Girl from the North Country", y cuya letra transcribo en la antología de canciones; "Y el violinista", (homenaje a *Miky*), retrato espiritual de un vagabundo de vocación que toca en el metro de Londres y alabanza de la sabiduría de quien busca *En la basura alguna flor*:

> *También quisiera yo dejar así*
> *en cualquier metro mi canción*

Pero lo cierto es que Joaquín Sabina no quiso plantearse sus faenas de músico ambulante más que en régimen provisional. Aparte de no observar grandes destrezas en los tres o cuatro guitarristas que como él hacían la ronda para los restaurantes latinos, tampoco parecían mantener su doble personalidad de intérpretes y compositores. Seguro que ellos siguen tocando aún en los mismos cenadores. Entonces ya se habían profesionalizado, y él no hizo lo propio porque un día se levantó con unas irresistibles ganas de volver a España. Acomodo en Londres no le hubiera faltado. Incluso ciertas perspectivas de evolución a raíz de que la BBC le encargará escribir e interpretar la banda sonora del film *The last crusade*. Pero resuelta favorablemente la transacción democrática en España, según los indicios, ¿qué otro insuficiente pretexto le podría seguir reteniendo en Londres? Empieza a acusar la contradicción que supone subsistir de cantar lo que no compone. Al margen, pues, de las coyunturas históricas, es una galopante crisis de identidad lo que le determina a volver del exilio. Y aún a sabiendas, por las noticias que le dan sus amigos en la península, de que los cantautores de su *pedigree* van de capa caída. Decide que va a conservar el cariño por el blues, el buen recuerdo de que nadie le haya gritado o empujado en Londres y el buen sabor del té con pastas (sucedáneo de la magdalena de Proust, y lía el atillo).

Fernando Morán, cónsul por aquellos años en la cancillería española, es quien, a despecho de Fraga, el embajador, acepta todos los panfletos y boletines que voceadores de la prensa obrera como Joaquín se proponían venderle mientras cenaba en el centro gallego. Ya empezaba a decantarse políticamente a la izquierda. Él fue quien le proporcionó a Joaquín su primer pasaporte legal para volver a España en julio de 1976, y no hay que decirle a nadie que en sus siete años de exilio visitó una vez el País Vasco. De incógnito, durante cuatro días. De haber sido sorprendida su escapada, las responsabilidades hubieran recaído en los atractivos de carne, una chica conocida en Londres que había regresado a su patria chica, a la que no se resignaba a no volver a ver. Pero será con otra amiga, Lucía, con la que adquiere ahora su pasaje, sin guitarra, derrochada la peseta y dos reales que se trajo en los bolsillos en su viaje de ida a Inglaterra y con la declarada intención de tomar la alternativa como cantautor en su país por culpa de Dylan.

"De no oírle hubiera pensado que con mi voz es imposible cantar", como explicaba en una entrevista. Incluso antes de aprender bien el inglés lo escuchaba con la fe puesta en que le estaba contando algo. Él hizo de la confusión una ciencia privada de conocimiento. Con las imágenes y el surrealismo de sus mejores canciones se rompieron la cabeza los críticos académicos, y quienes jamás habían leído un poema se convirtieron en diccionarios, alucinaron además con que su poesía pudiera hablar de ellos. Bob Dylan, el vagabundo del Dharma reconocido, de voz heterodoxa y orígenes legendarios, aunque posiblemente trucados, fue el acicate para muchos jóvenes dispuestos a imitarle desafiando en auto-stop las autopistas. Unos malgastaron su edad redondeando el proyecto, otros claudicaron a medio camino, aceptando un empleo de camarero en cualquier motel de ruta por un plato caliente. Hubo también quienes creyeron llegar al Greenwich Village en cualquier ciudad descolorida y a la zaga de los tiempos propicios. Y los menos, que lo encontraron en Nueva York, una vez allí no supieron como exhibirse para darse a conocer. Entretanto, Dylan, desde su pedestal, confesaba deberle su inspiración "a los rudos jinetes, poetas espectrales, humildes buscadores, dulces amantes, tipos desesperados, vagabundos de ojos tristes y ángeles irisados. A los que disfrutan de la vida en todos los rincones desconocidos del agreste mundo…".

Sabina, que había escuchado a Dylan a diario en Londres, se mira ahora en una de sus fotos como en un espejo. Intenta descifrar sus ojos soñolientos y cifrar sus ojos soñadores. De mayor… también querrá ser Bob Dylan.

## V. EN PRO Y EN CONTRA DE CANTAUTORES

*Qué me dices cantautor de las narices,*
*qué me cuentas con ese aire funeral.*
*Si estás triste, que te cuenten algún chiste.*
*Si estás solo, púdrete en tu soledad.*

El gusanillo en la conciencia que recorre este tango lo han tenido pocos cantautores en España, lo cual dice mucho y bueno en favor de su autor, Luis Eduardo Aute. Ejem…, lo que yo quería decir es que 1977 es el año de la crisis para el cantante comprometido en España. Y vale señalar que también lo es, por extensión, para la canción de autor. El cantante comprometido se queja de los duros de oído allá por los primeros sesenta en que surge. Gana la tolerancia hacia la mitad de la década, tanto por la liberación del sistema como por el despiste de los censores franquistas. Se acalora con las consignas de los partidos políticos silenciados. Es detenido. La autoridad le niega a los focos del escenario y es entonces cuando sienta precedente el favor del público encendiendo sus espíritus en forma de mecheros. Muere Franco y sirve de reclamo en los mítines de la izquierda recién legalizada. Y después de ser coreado a rabiar, sufre de pronto el extrañamiento. Cuando los políticos rojos pueden

*Fumando Rubio en La Mandrágora.*

hablar por TVE, la denuncia de la guitarra parece haber cumplido su cometido. Entonces la urgencia de la revolución es negociable y pasa a discutirse en salones de moqueta, entre café, copa y puro, con el soporte la sobremesa diplomática. Las verdades de a puño se truecan en verdades coyunturales y la diplomacia toma el testigo de la canción. Concretamente, yo tengo un amigo al que le dieron la voz para consolar su guitarra y su protesta en el Olympia de París, tras Paco Ibáñez y Lluis Llach; al pobre se le vinieron los malos tiempos encima y tuvo que conformarse con hacerse organizar recitales en colegios de sordomudos… Hace tres años que se jubiló.

Aprovechando que Joaquín se nos fue a cumplir la mili pendiente nada más regresar a España, vamos a recrearnos, sañas aparte, en la suerte que corrieron nuestros cantautores con la transición política; suerte de sentencia de la que Joaquín Sabina se libró por no haber estado en la brecha sino en el exilio. Así que le retomaremos la pista cuando se licencie.

> *Vete al cine, cómprate unos calcetines,*
> *date a ligue, pero deja de llorar.*

El temporal, pues, le pilló a descubierto, pero casi ninguno hizo caso al coplero. Fueron defraudados por la frivolidad de los políticos profesionales y, sin embargo, eso no les convirtió más que en víctimas propicias. Víctor Claudín escribía en 1983, poseído por la ira santa: "Se abusó de los cantautores en su servicio a políticas e ideologías. Se ha despreciado su esfuerzo sereno en pos de una calidad literaria y musical que contrapese lo comercial, aburrido y monótono, impuesto por la publicidad masiva. Se le busca un *guetto* en el que no interfieran los mecanismos de la moda, desde el que su hacer corrosivo, sencillamente crítico o de meditación libre, no altere morales trasnochadas, viejos o nuevos intereses, la marcha al absurdo de una sociedad corrupta. El vértigo progresivo de los decibelios no quiere saber nada de esa conciencia artística y humana que otros representan".

Con más rigor crítico, Álvaro Feito responsabiliza a los medios de comunicación reaccionarios de que se reniegue del término cantautor al disolverse la dictadura. Según él, la estrategia fue la de identificar "canción popular consciente" con canción de oportunidad política, y la de hacer creer que "muerto el perro se acabó la rabia". Hay que agradecerle a este incondicional de la canción de autor que, a renglón seguido, reconozca la poca capacidad de evolución y las limitaciones artísticas de algunos cantautores en tela de juicio. Por otra parte, era inevitable que los más inseguros se confundieran con los más lúcidos en la retirada del mundanal ruido.

Cambiemos de punto de vista. Para Moncho Alpuente, catador donde los haya de todo caldo de cultivo, "cuando empezó a clarear en 1975, tras nublados tan ásperos, vivieron su tardía floración los cantautores". Y después de las mareas y el maremágnum, pasan las horas y permanecen tan solo los navegantes arriesgados, los que, como Hilario Camacho y Joaquín Sabina, en barca en rutas inesperadas, o bien aquellos que con rumbo firme y personalidad definida sobreviven a las modas y a los ismos, gentes tan dispares como Aute y Chicho, Labordeta y Sisa, Javier Krahe, Raimon y La Trinca".

Mi primera sospecha, la de alguien que no es una autoridad en la materia, es que ha sido la educación sentimental un factor de selección entre los cantautores. Tal vez la diferencia no estuvo clara entre quienes responsabilizan a la dictadura hasta de los males del amor y quienes entendían que la superestructura política era sólo una referencia histórica que influía en la calidad de vida, pero fue decisiva. Solo los segundos pudieron reaccionar al desencanto de tanta ilusión tergiversada en el cambio de régimen, porque los primeros, los auténticos "protesta", los líricos de la lucha y no de los armisticios, naufragaron. A ellos les traicionó la solidaridad con los infelices o quizás la malinterpretaron. El caso es que no escribieron, por ejemplo, la canción de amor por la que se contará con ellos para estrenar otros tiempos. La gente se desentendió de su impotencia cargándola sobre sus espaldas y envejecieron prematuramente. Muy a propósito sonaba el tango ingrato:

*Qué tortura soportar tu voz de cura,*
*moralista y un pelito paternal.*

A pesar de todo, conviene desmadejar el concepto-ovillo de cantante comprometido y tirar de cabos sueltos. No apechugaron del mismo modo los que como Paco Ibáñez tomaron la voz prestada de los poetas; los regionalistas, a ejemplo de Labordeta; quienes explotaron el cancionero rural reivindicando su raíz pagana; Raimon y los nacionalistas concienciados; los francotiradores como Pablo Guerrero y el buen letrista que era Aute. Cada cual tomó derroteros distintos, y la promoción más joven, la de Luis Pastor, entre otros, a

*El cantautor solo en el escenario, en funciones de folk-singer.*

diferencia de la vieja guardia en la que Paco Ibáñez y Raimon tenían el carisma, se planteó la autocrítica y la necesidad de reciclaje. Quisiera que alguien me convenciese de que a Raimon no le agotó tanta emoción como caldeaba la atmósfera de sus recitales. Paco Ibáñez, el que fuera modelo de radical, es hoy un Quijote descarriado al que pocos toman en serio. Elisa Serna, otra leyenda viva que nunca percibió la gloria, sigue tan encantadora como siempre. Labordeta no ha dejado de editar libros de poemas, y ahora se felicita de que su público no le interrumpa ya los recitales con vivas interminables a la Libertad. A otros, como a Joaquín Carbonell, les venció la desgana. Quien cede a la tentación de seguir cantando que tiene que llover a cántaros es Pablo Guerrero. En el foro se pierde el rastro de Benedicto y Laboa, pioneros de la canción alega y euzkaldun. Julia León, como si nada hubiera pasado, peregrina igual que antes y no tiene complejos para cantar en un pub para veinte personas. Marina Rosell es hoy más catalana que nunca. Luis Pastor me sorprendió un buen día con pendientes en las orejas y coleta de jíbaro (debió sufrir bastante al hacerse los agujeros de mayor). Lluis Llach es como si llevara l'estaca en su corazón nacionalista. Parece que quisiera desafiar a los empresarios de la movida madrileña alardeando de llenar el Nou Camp con uno de sus últimos conciertos. Los que sentimos debilidad por él deberíamos entender de una vez por todas que su utopía, elevada al exponente sinfónico, fue también una claudicación.

De cuando en cuando se juntan por parejas y se emborrachan. Estoy seguro de que aprovechan entonces para cantarse uno a otro las canciones de época y se la pasan muy bien… Sigue el compás:

> *Muy aguda, hay que ver la mala uva*
> *de esa letra que te acabas de marcar.*

La generación de l'estaca se quedó en la estacada. Sin embargo, Joan Manuel Serrat, cantando en castellano, ya era un fenómeno de masas en 1977, y personajes tan despistados como Luis Eduardo Aute se revalorizaban con la criba. En su barba perenne de cuatro días se resume el desencanto posterior a la transición; en su desaliño, en su sufrido esfuerzo poético y en ese sentimiento cercano a la compasión que solicita desde el escenario. Pasan los años y, a mitad de los ochenta, vuelve a oírse hablar del gremio de los cantautores. Definitivamente dados de baja María Ostiz, Mari Trini y un infiltrado como Patxi Andión, pasando de las murgas impresentables de José Luis Perales y Ramoncín, al margen de la buena onda de Miguel Ríos y, para muchos, de Víctor Manuel, y a pesar de que no acaban de cuajar casos como el de Jaon Bautista Humet. El crítico Diego Manrique jura que nunca los había dado por muertos, y defienden el pabellón de cara al mercado el consagrado L.E. Aute y, por supuesto, J. M. Serrat, a quien durante mucho tiempo nadie hizo sombra como letrista. No se le puede negar la talla ni a Carlos Cano ni a Lluis Llach. Está a la alza nuestro hombre, Joaquín Sabina. Fuentes bien informadas aseguran que cuando Javier Krahe dé la campanada los sordos oirán y los ateos irán a misa. Chicho Sánchez Ferlosio sigue componiendo por libre. Sobrevive la buena gente del rollo, caso de Sisa que se divierte pregonando imagen, se la compren o no. Y aparte de Juan Antonio Muriel, suenan los nombres de Javier Ruibal, Javier Batanero, Javier Bergia y Raúl Alcover, componentes de una generación más joven que espera su oportunidad.

Se puede salir al paso de quienes sostienen que los cantantes protestas quedaron en la cuneta por no dar el *do* de pecho, arguyendo que estimaban sobre todo la calidad de su mensaje. Sin embargo, so pretexto de no enmascarar la verdad de la denuncia con medias palabras poéticas, renunciaron a elaborar sus letras más allá del panfleto. A la postre, tal vez valga el descargo de quienes recuerdan que muchos cantantes protesta nunca premeditaron profesionalizarse, se comprometieron con la acción directa en fábricas y universidades, y aguantaron el tipo con la policía cuando disolvía su auditorio. Lo que parece claro es que se les recortó la libertad de expresión pero no se atentó contra su falta de arte. Hoy la censura sigue existiendo, usa mejores modales pero sigue contando. Con todo y con eso, que un cantautor se queje de ella, ni añade más agravantes a lo censurable que sabemos que es la censura, ni eleva a la víctima a la categoría de conspirador. Si acaso, dice poco en favor de su habilidad lingüística para burlarla. Tal es la exigencia de oficio que debe hacerse el cantautor, porque por algo en los años ochenta se ha profesionalizado. Tampoco el cantautor debe despotricar del terrible monstruo de la industria del disco, cuyo caballo de batalla son las emisoras de FM, sino tratar de promocionarse sabiendo que concesiones no puede hacer. Y si todavía cree que los sellos discográficos se empeñan en discriminarle, es que sufre un complejo de persecución trasnochado. Los medios de difusión, se quiera o no, son lo que son, una madeja de intereses creados y bastardos, pero solo discriminan *a priori* el producto no acabado. Así las cosas, o el cantautor juega a no perder o es mejor que no juegue. Al margen, con pretensiones en las catacumbas, lo único funcional que puede hacerse es preparar un atentado contra las instalaciones de RTVE o de la cadena SER.

Con tantos naipes marcados al de arriesgarse a apostar el cantautor moderno, ni Prometeo ni héroe de otra guerra que la suya; sin cómplices ya entre quienes lo escuchan. Solo desde cierto nivel puede competir en audiencia con lo mediocre y lo descaradamente comercial, demostrar que se impone su clase e inspiración y ganarse a los seguidores de ritmo anglosajones que, como no saben inglés, nunca se sienten defraudados por unas letras que no entienden. Por otra parte, sin que las multinacionales no lo hubieran dado a conocer jamás hubiéramos sabido del genio de Leonard Cohen o Bob Dylan, como bien declaraba Joaquín Sabina en cierta ocasión a un periodista. Ya no es tiempo de disquisiciones sobre la canción popular, espontánea o auténtica.

Aplica el cuento: sólo la continuidad, compositor, corrobora tu buen hacer, y el buen hacer, el *marketing* más eficaz, es siempre oportunista.

> *O es que acaso*
> *yo te cuento mis fracasos,*
> *solo vengo a echarme un trago*
> *y aún te tengo que aguantar,*

sentenciaba el tango de Aute (disfrazado de Larra en una Nochebuena cualquiera de 1973).

## VI. DIARIO DE UN POETA RECIÉN CASADO

*Pregúntale al pájaro por qué canta.*
*Te lo dirá cantando.*
Sarah Dos Pazos

RARA VEZ JOAQUÍN CEDERÁ A LA TENTACIÓN DE REMEMORAR sus tiempos de recluta en Mallorca cuando se encuentra un viejo conocido y se agota el tema de conversación. Es socorrido, pero no decoroso. De todas las formas, "carguen, apunten, fuego", que luego incluirá en su Lp *Malas compañías*, es una canción que escribe con este mal trago a los veintiocho años. Nada que no sea lo consabido descubre sobre las lindezas de la pensión en el cuartel, pero lo que Joaquín no dice es que, para tener unos duros en el bolsillo, tuvo que compaginar su mili con el trabajo en la redacción de *Última Hora*, un diario local. El amor propio le impedía recurrir a los giros de la familia y hubo la suerte de que el periódico le contrató sin el carnet de periodista. No desconfiaran de que lo pudiera ser, y nunca le pusieron reparo alguno a las tres páginas diarias de información internacional que cubría sin puñetera idea. A las tres del mediodía salía del cuartel, hacía noche en casa a pleno sol, a las cuatro de la madrugada fichaba en la redacción del diario, y de allí acudía al toque de diana "¿Cómo había conseguido el pase pernocta?", se preguntará el avisado. Ni más ni menos que casándose. Era el requisito que tenía más a mano. Necesitaba unir otra voluntad a la suya para llevar a efecto la boda y le hizo la proposición a Lucía, compañera de fatigas con la que había regresado de Londres. Con el no por delante ya contaba y, por supuesto, ella se negó. A nadie con dos dedos de frente se le podía ocurrir tamaña ligereza. Pero tanto insistió Joaquín y se lo pintó, no de color de rosa, sino de color del disparate, que al final Lucía aceptó perder un día de trámites en su vida y convivir con él. Joaquín nunca encontró mejor motivo para casarse que la consecución del pase pernocta, y a Lucía le dedicará de aquí en adelante muchas de sus canciones.

En realidad, a poco diligente que hubiese sido en los papeleos, Joaquín podría haber cumplido una mili rebajada con el consulado español de Londres ahorrándose tanto enredo… Sin embargo, en tanto pringaba guardias o dejaba correr el tiempo tumbado boca arriba en el catre, su cabeza daba vueltas a buena parte de las canciones que grabaría en *Malas compañías*. Por de pronto Joaquín, una vez licenciado, rechaza el aumento del sueldo con el que la dirección del periódico se proponía conservarle y aterriza como puede en Madrid. Aquí traía la expectativa de grabar inmediatamente con Movieplay, el sello estable al que se habían acogido muchos cantautores después de probar fortuna con editoras regionales que quebraban casi de salida. El contrato por un disco lo había firmado en la mili. Alguien relacionado con la casa discográfica le había escuchado el nombre, a título de artista invitado en un recital de Lluis Llach y con cierta reputación como cantante social, y se interesó por sus canciones. Tal vez la estrategia de Movieplay fuera la de presentar a un portavoz genuino de la joven España exiliada, a la que había que dar la bienvenida, y por eso consideró acertado que Joaquín Sabina grabara en *Inventario* una selección de las composiciones de su *Memoria del exilio*. Pero, lejos de creerse profeta en su tierra, Joaquín dudaba sobre qué compostura adoptar de cara a la galería: la

*Todo el postín del mundo para un tipo con tirantes.*

del bardo que volvía de lejanas tierras con historias que contar, o simplemente la del chico de provincias que llegaba a la ciudad con la intención de promocionarse. "Cuando volví a España y comencé a cantar tenía veintinueve años, pero para la música tenía veintidós, porque los siete años de exilio me hacían aparecer como un cantante nuevo". O sea, como nadie le conocía, se hacía la ilusión de tener la edad más apropiada para darse a conocer. Estarán ustedes en su derecho de encontrar muy apañado el razonamiento. Sin embargo, en rigor, hay que decir que los años pasados en Londres no le pesaban nada a Joaquín. A la distancia se le habían evaporado, le parecía haberlos vivido en la geografía del sueño y se felicitaba de que no le hubiesen servido para escarmentarse de casi nada y, mucho menos, para sentar la cabeza.

Los agitadores, los intelectuales, estudiantes y artistas con los que Joaquín se había relacionado en el exilio trataban desde 1976 de reinsertarse socialmente. Los unos, militantes de carnet, se valieron de la representatividad lograda por la izquierda en las elecciones generales, y luego las municipales, para ocupar cargos en la constitución en la en las instituciones democráticas. Los otros, en calidad de abanderados de la cultura en la diáspora, reclamaron mano en los mass media. Y la mayoría acabaría desentendiéndose de la revolución pendiente por un plato de lentejas diario. Se establecieron. Quienes se habían alimentado de cultura en el exilio, como buenos portaestandartes de la izquierda humanista, aspirarían al legítimo acomodo y bienestar de la derecha… Entretanto Joaquín callejeaba a la aventura por un Madrid que ni siquiera era el Madrid absurdo, brillante y hambriento de Valle Inclán, y que ni por asomo podría recordarle la animación de Londres. En los años sesenta y setenta, la especulación del suelo urbano había convertido a Madrid en una ciudad fea, donde solo se acudía de fuera para resolver trámites burocráticos. En ese Madrid anterior a toda movida sin señas de identidad, los progres solo sabían hacerse los interesantes y trapichear en el Rastro. Se respiraba el desencanto en una ciudad nunca encantada. Como muerto Cristo se inauguró la era cristiana, muerto Franco salíamos de una era franquista para entrar en una vigilia paradójicamente también franquista. Una juventud era demasiado joven para haber vivido nada, y otra había envejecido repentinamente. Los militantes de la recién clausurada clandestinidad que no podían alardear con los detalles de su prisión en Carabanchel, se sentían realizados haciendo creer a sus hermanos pequeños que fueron los definitivos conspiradores (cuando, en realidad, nadie supo de sus pintadas en los retretes de puertas para afuera). Y aquellos que por padecer castigos en la adolescencia creyeron no tener más remedio que madurar como filósofos existencialistas, no presentían que interiorizaban la figura paternal de Franco y, por lo tanto, nunca psicoanalizaron su complejo de castración.

Pero, sobre todo, Madrid era una ciudad difícil para quien quisiera buscarse la vida y Joaquín, a pesar de estar instalado de alquiler en la Latina, calle Tabernillas, callejeaba. Visitaba a algún colega del exilio ya con horario de visita y buscaba otros contactos. Canta en los mítines electoralistas del PSP, la UGT, el PCE, en los locales del PSOE y para la CNT; aprovecha cuando el policía que le controlaba el repertorio se despista para cantar en voz baja lo prohibido, pero se exige su precio por ser instrumentalizado políticamente. No le pilla de nuevas. Hasta ahora sólo él sabe que se ha salvado del naufragio de los cantautores comprometidos por su comparecencia en el ruedo ibérico de los años sesenta y setenta, y eso seguro que no es bastante. Así es que elabora un dossier con las notas de prensa que se había hecho eco de sus actuaciones en Londres, y peregrina por todos y cada uno de los pubs de nueva planta en Madrid buscando un contrato. Nadie le conoce. Tiene que demostrar su valía interpretando un par de temas a puerta cerrada y consigue el visto bueno de los dueños del Koya, en la calle Limón. En este local, con un aforo máximo de veinte personas, hace su primer pase y, ahora que lo anoto, Joaquín se acuerda de que un letrero muy visible prohíbe a aplaudir allí para evitar el alboroto y las consiguientes quejas de los vecinos…

Al término de cada una de sus canciones se sucedía, pues, el terrible silencio de las veinte personas que, con suerte, le escuchaban, y no acababa de acostumbrarse a ello. Era imposible averiguar si aquel silencio de sordomudos, con todo aparato de gesticulaciones, inhibía entusiasmo o desaprobación, o no significaba otra cosa que indiferencia. De todas formas, si alguna de las canciones había gustado mucho convenían en hacer castañuelas con los dedos en señal de reconocimiento, lo cual tampoco llegó a parecerle a Sabina lo natural en un público. Pero en materia de públicos extraños se iba a llevar la palma el que tendría tiempo después en Tánger y Fez. La *crème* de la clase chic marroquí que aspiraba a europeizarse y que en un alarde de modales esperaba una señal del maestro de ceremonias para aplaudir después de cada interpretación de Sabina. Allí, además, el autor no cobra por su recital en pesetas o dirhams, sino en especies.

Han pasado algunos meses desde que presentó los temas de *Inventario* en el pub Vihuela acompañándose de la guitarra de su amigo Philippe, y el disco no ha tenido repercusión. No tardará en descatalogarse en las tiendas, a pesar de que un periodista como José Manuel Ripoll, un amigo, trata de llamar la atención sobre su componente lúdico-irónico-crítico frente a los panfletos y tararís de la época. ¿Cuál ha sido el defecto de este Lp que se desmarca de la canción estrictamente política? Justamente su falta de virtud. Un defecto de fabricación. No valía, además, con eludir el panfleto y sustituirlo por un manifiesto. Ya hemos mencionado que, en cualquier caso, el Lp salió a destiempo, cuando se había dejado seguir el esfuerzo del cantautor por evolucionar. *Inventario,* con sus largas letanías, expresa la voluntad de contarlo todo, absolutamente todo lo que se puede contar. Por eso da la sensación de levantar actas sobre un compositor acabado, marcado excesivamente por unas vivencias definitivas. Para los pocos que tenían referencias de Sabina, no alcanza el nivel de compromiso de la canción social y nunca se podría haber grabado en olor de multitudes politizada.

Para los extraños era marginal, pero estaba en las antípodas de la movida que animaba Kaka de Luxe. Desde el fondo del plástico se oye la voz desangelada de Joaquín Sabina sobre un hilo musical. Se ha dejado hacer arreglos para filarmónica por Agustín Serrano, que ha desnaturalizado sus canciones. Los músicos de estudio que colaboran en el disco parecen sacados de la orquestina de un salón decadente, y él alarga los finales de sílaba al cantar cuando se le desacompasan de la melodía. De todas formas, las partituras del Lp, que firma Joaquín, son atrevidas. Hacen ejecutar a los músicos cadencia de blues pero también de music-hall, un ritmo de tango y hasta otro de vals que el cantautor desvirtúa con su oda a "mil novecientos sesenta y ocho". Todo un potpourrí al que pone guinda un compás de rondalla al "romance de la gentil Dama y el rústico Pastor". Esta composición anónima, extraída del *Cancionero tradicional*, suena bucólica y agradable al oído en los acordes que Joaquín le brinda. Tiene sabor.

Decía al repasar las ocho de las diez letras de este disco escritas en Londres, que no son hoy competitivas. A pesar de que suele enrojecer un poco cuando se comenta en su presencia algo sobre *Inventario*, Joaquín rescataría dos de sus temas: "40 Orsett terrace" y "Tratado de impaciencia número 10", un título dylaniano-daliniano para la crónica de un desencuentro. Sobre el texto de "Tratado de impaciencia número 10" no anticipé nada porque no fue publicada en *Memoria del exilio*, pero es verdad que tiene su aquel. Se inspira, como el resto de las referencias amorosas del disco, en el imposible idilio que le emparejó con Sonia aunque, sobre todo, avisa de la diferencia que hay entre comerse una rosca e hincarle el diente, de un primer bocado, a la sorpresa de un roscón de Reyes... Para mayor información reproduzco sus estrofas de blues en la antología. En definitiva, desde el fondo del plástico se advierte cierta prisa en Joaquín Sabina por acabar de cantar las diez canciones y emplearse en otras. No obstante, y a pesar de que *Inventario* hubiera abundado en virtudes, se da cuenta de que nunca podrá hacerse con un público en frío, con uno o cinco discos entre los miles de los estantes de las tiendas. Tablas para actuar en cualquier sitio cree que no le faltan, más bien lo que le falta es dinero para vivir siquiera al día, así es que, una vez que se despide de la incierta clientela del Koya, prueba mejor acogida en el Song Parnass de la calle Primavera, en Lavapiés. Una cava que con el tiempo, Hans, su propietario, convertiría en galería nocturna, pasándose a llamar Bohemia, Lástima que en 1983 el municipio la cerrase alegando dificultad de desalojo en caso de incendio. De este histórico ambiente naif saldrían muchos artistas hoy conocidos, y cuando Joaquín interpreta allí "Adivina, adivinanza" y "Blues de tu ausencia", cuyos textos habían sido censurados en *Inventario* se codea con toda una generación de cantantes de pubs que luego no ha prosperado mucho: Juan Antonio Muriel, Juan Velasco, Cañones y Mantequilla, y alguno más que me olvido. Joaquín Sabina tocó por cuatrocientas pesetas en el Song Parnass durante 1979 y parte de 1978. Entre tanto, se anuncia en el auditorio del Colegio Mayor San Juan Evangelista como un andaluz cantante de blues. Acude con su guitarra a algún mitin. Logra que se cuente con él con motivo del Festival Flamenco de la Emigración Andaluza. Su amiguete de Logroño le gestiona un recital en los actos de Nueva Cultura de un instituto femenino. Al final le colocan el cartel de entre semana de unas fiestas patronales. Puede figurar en el Festival Popular de los Pueblos Ibéricos junto a Luis Pastor, Claudina y Alberto, Imanol, Benedicto y algún otro conocido. Y le llaman los colegas del pub Zambra de Málaga o de otros de provincias, y se entusiasma con la idea de ir de gira. La verdad es que no se le pueden poner reparos al optimismo y la ilusión con que Joaquín Sabina pisaba el escenario más modesto. Pero por estas fechas se embarca en una verdadera gira que, en rigor, es la que hasta hoy más lejos le ha llevado nunca. Claro, no podía ser a otro sitio que a la Inglaterra de su exilio, donde tantos amigos había dejado. El Acklam Hall de Londres repleto, con motivo de las fiestas sindicales del CC.OO., le recibe con los brazos abiertos; le aplauden también el

*Caballero de la triste figura.*

Club Matices de Cardiff en Epson y en Manchester. A cambio, Joaquín se ha prodigado en el viejo repertorio de canciones de lucha política y de barricada. Acaba interpretarles lo propio a los emigrados que le han ido a ver a la Casa de España, también en Londres, y trata de explicarle al chaval del fanzine *Geranio* que le entrevista cómo aquel público aún en la diáspora no espera otra cosa, como quizás no aceptarían los temas que ahora canta en España. "Creo que un cantante no puede ni debe ser una bandera de nada. Si quiere ser político o militante, que lo sea, aparte de ser cantante. Como artista debe hacer buenas canciones, canciones honestas y honradas consigo mismo". Además le confiesa que no suelen gustarle casi ninguno de los cantautores españoles.

"Añoro, sobre todas las cosas, la libertad de entonces", declararía años más tarde entre sus viejos amigos de Granada, Álvaro Salvador, Javier Egea, Luis García Montero y compañía. Quien con él conversaba, a fuerza de entrevistarle para una publicación, le hacía recordar cómo disfrutaron juntos aquellos últimos años setenta en Madrid. Cuando todo en su carrera estaba por hacer, no tenía otro compromiso adquirido que el de pasárselo bien y soñar despierto. Se citaban en el café Ópera, en el Gijón o en el Comercial a la hora de la tertulia y estrenaban la libertad de expresión democrática. Cada noche el barrio de Malasaña se vestía de carnaval y en un bar como La Vaquería siempre eran bienvenidos los poetas. Bastaba el antojo de alguien para presentarse en Málaga con el coche de un amigo, y entonces Joaquín cantaba para la guapa gente del Zambra. Brindaban por la amistad en cualquier pizzería y con un buen vino, unos canutos, el fuego de leña y la guitarra de Joaquín, en casa de José Luis Cano. Ya se podía hundir el mundo alrededor, que todas las rubias se refugiarían allí… Cualquier tiempo pasado parece mejor en semejante entrevista. Y si además fue tardo hippie, una bendición. Me temo que quien con Joaquín conversaba pretendía dos pasajes a la nostalgia por el precio de uno. En realidad, más bien quería hacerle cómplice de su nostalgia.

Joaquín ha seguido visitando desde entonces a sus amigos de Granada. Los ha visto engordar, ocupar cargos oficiales, casarse, criar hijos y hablar del pasado con una creciente morriña que no podía compartir. No hace mucho uno de ellos le confesaba: "Hace quince años que no me ocurre nada extraordinario". ¿Qué tipo de consuelo le podía estar pidiendo? Joaquín se acordó entonces de cuando cumplió treinta años con el único desvelo de escribir una buena canción, de narrar una buena historia que no fuese su propia historia que aún estaba en ciernes. No había corrido lo bastante todavía como para poder contárselo a sus futuros nietos. A los treinta años, a la edad en que el progre acusa la crisis y aspira a la seguridad económica y sentimental, otro hubiera tirado la toalla.

Es curioso observar que quienes como Joaquín Sabina se arriesgaron en cualquiera de las siete artes, no acusaron la drástica adaptación al medio que ha caracterizado a la generación progre en la era socialista del cambio. Los primeros se desmarcaron más de la alternativa *yuppie*; vale decir del *modus vivendi* del falso *hippie* reciclado que se importó de los USA y que aquí redimió al progre. Por nuestros pagos, esa generación de universitarios con conciencia de clase antifranquista y licenciada en el sesenta y ocho se reencontró a sí misma en los estamentos del poder. Los progres no se resignaron a dejar de ser los protagonistas de la historia y, en calidad de tecnócratas, ejecutivos, concejales o profesionales liberales, se engancharon al carro de la "modernidad". A principios de nuestra década se mudaron del piso franco o la buhardilla al chalet y, de camino, visitaron a Adolfo Domínguez para actualizar su indumentaria. A partir de su segundo matrimonio dejaron de creer en el amor libre y, porque se volvieron conservadores, siguieron vinculados sentimentalmente a Dylan y a Marlon Brando, aunque, eso sí, descolgaron del salón el póster del Che Guevara que ya no ambientaba. La ideología no debía estar necesariamente reñida con el bienestar. Es más, de la calidad de vida podría desprenderse toda una ideología… Hoy han dejado de fumar y se perfuman. Aman la buena cocina, reniegan de todo lo cutre que no pueda definirse como pintoresco y conservan un aspecto juvenil y apolíneo a fuerza de sesiones de gimnasio y *aeróbic*. Su licencia es la coca, pero su consigna es el consumo de productos *light* descafeinados; moda a la que exhortan a los más jóvenes y que camufla un régimen imprescindible para ellos.

## VII. CON OFICIO Y BENEFICIO. LA MANDRÁGORA

*Dime con quién andas y te diré quién eres*
Anónimo

En 1979 se registró un considerable despliegue de cantantes callejeros por el centro de Madrid. No salían de la casa de los legendarios cantantes comprometidos, eran cantantes urbanos. Rompieron filas en la Plaza Mayor alrededor de la estatua de Felipe III, donde se reunían y tocaban para los amigos, y muchos se volvieron a encontrar ya viviendo de la profesión en la calle Preciados. Los pioneros habían aprendido a afinar la guitarra en París, con la nota *mi* que daba el silbato del metro. Habían tocado también en el underground londinense, en la Nierdofstrasse de Zürich, en la plaza del mercado de Berna o en München, y sabían que aguantar el tipo a la puerta de unos grandes almacenes era una buena estrategia para la recaudación. La pega estaba en tener la DGS (Dirección General de Seguridad) tan cerca, y lo cierto es que a más de uno le tomaron allí declaración y le requisaron el instrumento musical. "¿Interrumpían la vía pública?, se preguntaban las autoridades. ¿Tenían la guitarra de ventaja sobre los mendigos y, por lo tanto, debían pagar ciertos impuestos de estacionamiento? ¿Debía multárseles de vez en cuando y hacer la vista gorda? ¿No sería mejor expedirles una tarjeta de identidad?". El fenómeno no está legislado y, mientras discuten las magistraturas si es constitucional, cobra expectación. Carlos Tena y Diego Manrique dedican la media hora de su "Popgrama" a los cantantes destacados. Pulgarcito, uno de los callejeros más descarados a pesar de su poca voz, puede darse a conocer en la pequeña pantalla interpretando "Qué demasiao".

-¿Es tuya esta canción?- le pregunta el director de CBS que le manda raptar y le hace sitio en su Mercedes.

-No, es de un tal Joaquín Sabina -responde Pulgarcito con toda honradez.

En la casa de discos Pulgarcito canta "Qué demasiao" para Tomás Muñoz, el mítico director de CBS que había ido en persona a buscarle. A resultas de ello se interesa tanto por el chico como por el autor del tema. Al poco, telefonean de CBS a Joaquín se lo cuenta al también cantautor Krahe dando botes de contento y Javier Krahe lo reconsidera mesándose la barba.

-¿Quién te ha llamado?

-¡La secretaria de Pérez Solís!

-Pues no vayas.

-¡Pero cómo no voy a ir, coño, si...

Por aquella época Javier parecía tener ascendiente sobre Joaquín, quien le consultaba todo a modo de oráculo. Dos días después es el mismísimo Pérez Solís quien le solicita al otro lado del teléfono, y entonces Javier Krahe le aconseja:

-Ve.

En CBS están al tanto de que compone, aunque no de que cante, por lo que el contrato que le ofrecen es editorial, para que escriba canciones y se las ceda a otros cantantes. Antes de firmar, sin embargo, Joaquín les hace incluir una cláusula que les compromete a ir a oírle interpretar sus propios temas. . ¡Todo a pedir de boca! El primer golpe de fortuna no se le hubiera presentado a Joaquín sin una buena canción en su haber: "¡Qué demasiao!". Mejor dicho, no con una sino con tres. "Calle Melancolía", y "Pongamos que hablo de Madrid" también las escribe en 1980. Porque, mientras hablamos de músicos callejeros no lo hemos hecho de Joaquín, que, entre tanto, maquinaba en la sombra. Antes de fichar como compositor de CBS había conocido a Javier Krahe, que será el tercer gran encuentro de su vida (tras el que le mezcló con los miembros de "Poesía 70" en Granada y el que tuvo con la música de Dylan en plena bohemia de Londres). También Joaquín había conseguido hacerse con el escenario de un café concierto como el de La Mandrágora. Concretamente, entre Joaquín y Chicho empujaron a Krahe a cantar aunque fuera con dos valium en el cuerpo para no temblar.

Joaquín Sabina se relacionaba con muchos cantantes callejeros de la calle Preciados, comía frecuentemente en las mismas tascas que ellos, pero estaba al margen del gremio. Nunca tocó en el metro ni en las calles de Madrid. No por escrúpulos, sino más bien por no volver sobre sus pasos, por considerar que en Londres ya lo había hecho bastante y no volvía España a empezar de cero exactamente. Era amigo de un auténtico juglar de la Plaza Mayor como Luis Farnós y el mismo Pulgarcito pasaba mucho por su casa. El chaval, con diecisiete años, estaba enamorado tanto de él como de su mujer, Lucía, y, por su parte, Joaquín, con sus treinta y un años, se sentía un poco su padre. Así las cosas, un asunto de faldas con riesgo de tricomonas vino a separarlos. La filtración de un dudoso romance de Joaquín llegó a oídos de Lucía vía Pulgarcito y el verdadero infiel del secreto enredo, Pulgarcito, fue despachado de casa por Joaquín.

El café de La Mandrágora, a dos pasos de donde Joaquín vivía, ejercía una poderosa fascinación sobre él. Por una parte, su clandestinidad húmeda de sótano, sus altavoces de anticuario, su atmósfera cargada por la falta de ventilación y sus aguardientes, reunían el encanto de un infecto club de jazz del bajo Chicago y de algunos tugurios de cabaret venidos a menos que había conocido en Europa. Por otra parte, cierto postín intelectualoide escogía al público de sus tertulias. Entró varias veces sin atreverse a ofrecer sus servicios de cantautor moderno a Enrique Cabestrany y Manolo Paniagua, que eran quienes regentaban el café, y al fin se decidió. El día de la prueba se hizo acompañar por Javier Krahe, a quien Fernando Quiñones le había presentado meses antes en Vihuela, y todo salió a pedir de boca. El show de Joaquín Sabina y Javier Krahe era justo la animación que estaba necesitando local, a la par que tanto a Javier como a Joaquín Sabina les pareció La Mandrágora el lugar idóneo para cantar. Además gozaron desde el primer momento de autonomía para improvisar en escena, divertirse y emborracharse, preferiblemente tras cada show.

Javier Krahe es un hombre flemático y tortuoso. Tan tortuoso, que habiendo vivido siempre en Madrid debe hacer un viaje a Canadá (del que vuelve invicto y hablando francés) para acabar hallando su sitio en La Mandrágora. Si alguien lo encuentra razonable que me razone de paso el periplo que seguro que tienen que recorrer sus canciones hasta mostrarse presentables: entran por su cabeza en forma de fábula, llegan a su estómago donde se convierten en jolgorio y, al embocar la tráquea vislumbran la cruda realidad: la voz de enterrador con que Krahe piensa modularlas las transfigura en esperpentos puros y sátiras satirizadas.

Pero todo eso sucederá después. En realidad, Javier Krahe, que decía provenir del mundo de las inmobiliarias, ni era músico ni cantante. No había cantado ni en las bodas. Su hermano Jorge cantaba sus letras con la gente del grupo Tábano y Las madres del cordero. Además solo sabía marcar en la guitarra los acordes que no pedían cejilla y a la postura *fa* la llamaba la difícil. Desaparecido su hermano, se trajo de Sigüenza a su amigo Alberto Pérez con vistas a que musicara y cantara sus composiciones y, por aquel entonces, se ocupaba en traducir al maestro Brassens. A Joaquín le había deslumbrado su forma de componer por lo jocosa y original, y, con la incorporación de Alberto Pérez, consideró que se cerraba una trinidad perfecta en escena. Antes de empezar a tocar, recuerda que entre los tres convinieron en no ser pesados ni aburridos, en no confundir un recital con una conferencia. Realmente no se iba a crear en La Mandrágora la reserva espiritual de los cantautores contra el asedio de la new wave, el punk o el rock'n'roll. La idea era trastocar el cliché de cantautor que la gente tenía. No pontificar más sobre la necesidad de expresarse, arrancarse la pena del alma y otras solemnidades. El pudor bien entendido estaba en no hacer ostensible todo eso y, por tanto, en no exigir al público que lo reconociese, sino en favorecerle la diversión. Todo ello porque nadie le pedía por favor al cantautor que cantara. Aute tenía más razón que un santo cuando entonaba: "Qué me dices, cantautor de las narices…"

En escena, Joaquín Sabina, Javier Krahe y Alberto Pérez tienen claro que provocan por deporte y no por sistema. Cantan por turnos con "elegante desaliño", desparpajo y, si es necesario, aspavientos y recochineo. Uno canta y los otros dos incordian, le hacen voces, ecos, chacotas y paparruchas, o adoban las letras con chunda-chunda. Se comportan como barbilindos, pisaverdes o bravos de germanía, que diría Tierno Galván. Y, a falta de soporte orquestal para sus canciones, imitan el sonido del saxo con la boca o se permiten solos de trompetilla de tómbola y dúos de cazú. A Javier Krahe se le olvida una estrofa a mitad de canción y su turbación tiene tanta gracia que hasta el despiste parece ensayado. Su voz grave exige el silencio sepulcral para interpretar "La hoguera" y siempre hay alguien entre el público que lo profana con una incontenible carcajada. El respetable pide la versión burlesca de "El hombre puso nombre a los animales" del Dylan converso (que ha sido castellanizada por aproximación, es decir, entendiendo la letra original en inglés como un defecto de la pronunciación en castellano), y aplaude a rabiar "Adivina, adivinanza", "La tormenta", "Marieta", "Pasándolo bien" y "Pongamos que hablo de Madrid". Entonces son invitados a cantar Luis Eduardo Aute, Teresa Cano, Moncho Alpuente o Chicho Sánchez Ferlosio, de cuya inspiración todos se sienten deudores, y Forges o el mismo Cebrián no suelen faltar a la cita de los jueves en La Mandrágora. La prensa del momento está negando el pan a los cantautores por considerarles de otro tiempo, a la vez que en un café concierto que apenas admite más de cuarenta personas apretadas nace la canción satírica bajo la advocación de Brassens y Dylan. La respalda el divertimento de la gente que la escucha y es bastante. Se deja caer por La Mandrágora un sector de la prensa dispuesto a levantar expediente sobre lo que allí está pasando. Respira el clima viciado por el humo de tabaco en el que se desenvuelve el show, y se encuentra con la paradoja de tener que contar que J. Sabina, J. Krahe y A. Pérez aportan un aire nuevo a la canción de autor. Todavía, sin embargo, la canción satírica está parapetada. Las caras se repiten semana tras semana en el café, con lo que puede decirse que la canción satírica se queda para los amigos, para andar por casa. Cumpliendo lo prometido, un buen día le avisan a Joaquín de CBS porque van a oírle cantar en su salsa. Joaquín se dice que no puede llegar en mejor momento y, efectivamente, sus maneras desenvueltas en el escenario, su voz, su música y las buenas vibraciones del público ganan la aprobación de los observadores de CBS. No pierde la ocasión de que oigan también a Javier Krahe y a Juan Antonio Muriel y, al final, el único de los tres que no firma contrato es Juan Antonio Muriel. Javier Krahe y Joaquín Sabina, que cantaban constantemente juntos sin formar dúo, van a grabar dos Lps por separado –Javier, *Valle de lágrimas*, y Joaquín, *Malas compañías*- bajo las expectativas del criterio de la rentabilidad.

Después de aprender con *Inventario* qué canciones no se deben cantar más que a los amigos y, sobre todo, qué aderezos de grabación desnaturalizan una canción por buena que sea, Joaquín tiene la ocasión de grabar de nuevo en 1980. Esta vez no puede defraudar ni, por supuesto, defraudarse. Por eso confía los arreglos a su amigo Hilario Camacho. Hubiera deseado un grupo detrás para dar el verdadero relieve que necesitan canciones como "Pasándolo bien" o "Carguen, apunten, fuego", pero sólo ahora empieza a ser conocido entre los músicos profesionales y no es cosa de arriesgarse otra vez con una orquesta de estudio.

*Malas compañías* viste un óleo de carpeta a cargo del pintor Octavio Colis. En él Joaquín Sabina, caracterizado, ocupa el centro de atención de una mesa de taberna entre gentes desfiguradas, bajo las sospechas de un adusto caballero en funciones de Fígaro, que a su vez es vigilado por una dama distante.

El disco se apoyaba en la recuperación de un himno que ya había llegado en la voz de Antonio Flores a los primeros puestos radiofónicos de los Cuarenta Principales: "Pongamos que hablo de Madrid". Joaquín Sabina tenía escrito el tema desde hacía bastante, pero no daba con una buena melodía para él, lo mismo le sucedía al guitarrista Antonio Sánchez con una melodía sin letra que guardaba en el cajón. Las dos se encontraron un buen día de la manera más casual en un bar de Málaga, el Zambra del que Antonio era camarero entonces. Creo que junto a "Madrid me mata" y aparte de los expedidos por el Ayuntamiento, "Pongamos que hablo de Madrid" ha sido el eslogan al que más se ha recurrido a la hora de definir el vértigo diario de la capital española durante los pasados años ochenta. Quizás el vigor del himno esté en los sentimientos encontrados que en él conviven y que Joaquín trataba de deslindar cuando lo interpretaba en La Mandrágora. En 1984 el mismo Joaquín redactaba un artículo de encargo para *Diario 16* parafraseando sus estrofas: "Cada vez que me piden que hable de Madrid me están pidiendo que hable de mí mismo, del aire sucio que respiro, del asfalto que piso, del paisaje que vivo y que me habita (…) de Madrid, de donde siempre huyo; de Madrid a donde siempre vuelvo (…) de esta esquina del mundo donde lo he pasado tan bien y tan mal, y muy bien, y irregular, y fatal (…) Conozco ese Madrid almidonado y retórico, envarado y oficial (…) ese Madrid golfo y suburbano del barrio y el canuto y la navaja; conozco al Madrid nueva-olero y cosmopolita, y el Madrid sórdido y duro de la aguja y el psiquiátrico, y el Madrid entrañable de domingo por la tarde y tertulia en el café, y el Madrid del tinto con boquerones y el de cóctel en Bocaccio, y el de la Ballesta y el de Orense, y el hermoso Madrid zarzuelero y provinciano de Puerta del Sol y cine de reestreno (…) Me excita esta ciudad caótica y absurda, me aburre esta ciudad idiota y petulante, me estimula esta ciudad vertiginosa y cálida (…) Odio a esta ciudad porque es monstruosa, artificial, implacable, y la amo porque es abierta, vulnerable, mágica. No siempre ha sido así; hace diez años esto era el centro geométrico de la nada, un lugar inhóspito y descorazonador (…) Bastantes cosas han cambiado desde entonces, tantas que somos ya muchos los que empezamos a decir en voz alta que este Madrid de la luz y de las sombras se nos ha convertido en la ciudad más viva, más inquieta, más creativa, más creativa, más divertida de Europa".

Nunca dejará de ser una incógnita cómo sobre una agradable melodía acústica, consiguió la canción calar en los huesos de patricios y plebeyos, de los ciudadanos y de los que siempre se sintieron extraños en Madrid. Porque cuando Joaquín Sabina formula lo inverosímil, que "los pájaros visitan al psiquiatra" o que "el deseo viaja en ascensores", además de no ser gráfico, está atentando con una buena dosis de surrealismo a los convencionalismos de la poesía. Pero tal vez no se haya acertado nunca con una descripción lírica del paisaje urbano de Madrid tan ambivalente. Capaz de fundarse en el rechazo a las naturalezas muertas de la ciudad y de esconder un germen de adhensión. Si Joaquín escribió la canción deprimido y no abandonó de inmediato la ciudad, y no regresó al sur donde nació, es porque, paradójicamente, en la ciudad se había sentido más vivo que nunca, porque había puesto a prueba en ella su capacidad de sentirlo todo, el placer más artificial y el vacío más insospechado, el aire viciado que respiraba y, en compensación, las ganas de vivir más viscerales. Y esa deuda fue la que le llevó en 1984, en el Cuartel del Conde Duque, a mudar la estrofa final de la canción (algo que no todos aceptaron) y a ser el primero en sorprenderse de que con solo este pequeño ajuste se transfigurase la lectura de la tonada: que pasara de predominar en ella "el odio" a predominar "el amor". En relación a estos términos absolutos ha querido definir "Pongamos que hablo de Madrid", cuyo título tal vez remita al de "Talking New York" de Dylan.

> *Cuando la muerte venga a visitarme*
> *que me lleven al sur donde nací,*
> *aquí no queda sitio para nadie,*
> *pongamos que hablo de Madrid.*
>
> *Cuando la muerte venga a visitarme*
> *no me despierten, déjenme dormir,*
> *aquí he vivido, aquí quiero quedarme,*
> *pongamos que hablo de Madrid.*

Otra balada acústica al paisaje urbano es "Calle Melancolía", corte que abre la cara A del LP. El otro día me asomé a la ventana de la antigua casa de Sabina en La Latina y es cierto, como canta él, que dominando los tejados de otras viviendas sólo se alcanza a ver un horizonte de antenas, cables y chimeneas. Pero "Calle Melancolía" es más que la descripción de un desolado retablo y que el menosprecio de corte y la alabanza de aldea. Es una meditación en primera persona llena de nostalgia y emoción contenida, que interioriza la desolación del paisaje y se traduce, sin embargo, en una bellísima melodía. Melodía cuyo estribillo enriquece la voz alta de Hilario Camacho (como en las estrofas finales de "Pongamos que hablo de Madrid") y a la que a lo largo de varios años han dado relieve las variaciones de la corista Pilar Carbajo. "Calle Melancolía" es un canto a los disfraces de la soledad, que raya el preciosismo, que no acaba nunca de cerrarse sobre sí mismo ("en la escalera me siento a silbar mi melodía. Vivo…"). Porque, a pesar de todo, encuentra un sabor agridulce en narrar el desamparo. Al fin solo lo apaga con un murmullo. Si el resto de los temas del LP hubiera presentado una factura semejante, Sabina se hubiera asegurado un auditorio incondicional, predispuesto a la lágrima, pero incondicional. No se le pasó por alto y comprendió enseguida que no podía quedarse "colgado en Calle Melancolía". Nadie iba a tener la oportunidad de acusarle de ello, como señalaría en una canción posterior del LP *Juez y parte*, "El joven aprendiz de pintor". Pensándolo bien, creo que este es uno de los argumentos en contra de quienes pueden sostener que al compositor le ha reportado éxito la conquista de un público fácil, con sentimientos más cultivados que los de aquel que ha movido el pop-rock ligero, pero afín a él. No es lo suyo derramar esencias olorosas o elevar a categoría estética la hipocondría. No obstante, y de acuerdo con algún crítico, tras un concierto dado en Zaragoza en octubre de 1985, Sabina decide retirar el apoyo de percusión conque había querido marcar un *crescendo* a la balada. Es un cumplido homenaje a su pureza acústica de gestación y la seguirá interpretando con el escenario en penumbra y sin watios de soporte. Y, como siempre, la dedicará a una persona que se encuentra entre el público, cuyo nombre no revela.

Tras "Calle Melancolía" se escucha "Qué demasiao", tema que muchos seguirán atribuyendo a Pulgarcito, cuando Joaquín Sabina ni siquiera lo había escrito para él. Está inspirada en la corta pero intensa peripecia del Jaro, un delincuente que llegó a tener en jaque a toda la zona norte de la ciudad, pero que jamás manchó sus manos con un delito de sangre. En una de sus refriegas no quiso darse preso a la policía y la desafió en una carrera de coches. Al fin, fue un vecino quien lo acribilló a balazos, sorprendiéndole en un robo.

Con diecisiete años dejaba el Jaro un hijo, al que no pudo dar mejor cuna que la que él tuvo, y una mujer heroinómana. La crónica publicada en las páginas de sucesos conmovió a Sabina, que quiso componerle un blues póstumo de homenaje, a caballo del lenguaje cheli.

*hijo de la derrota y el alcohol,*
*sobrino del dolor,*
*primo hermano de la necesidad.*
*Tuviste por escuela una prisión,*
*por maestra una mesa de billar.*

No quiere Joaquín mitificar al Jaro, sino más bien justificar los condicionamientos de clase y educación que le convirtieron en un fuera de la ley. Pero, es inevitable que la canción tome partido. Tiende a considerar gestas y no fechorías las refriegas del Jaro, y es por esa adhesión que a Joaquín le inspiran los héroes de la marginalidad a la que ya nos hemos referido en otros capítulos; adhesión hacia aquellos que buscan incentivos para vivir cuando se les niegan las oportunidades de los demás, las mismas oportunidades que a la mayoría hunden en la mediocridad y hacen infelices. Si tuviéramos que definir al héroe marginal que para Sabina merece una canción, lo haríamos de forma contradictoria. Responde a este arquetipo que si se integrara en el orden social alcanzaría las cotas de frustración de cualquier ciudadano digno, pero que de forma inevitable está marcado por la hombría y la tragedia de enfrentarse a él y sucumbir. Entretanto, es aquel forajido instintivo, apasionado y rebelde que encuentra razones intensas para vivir o morir superiores a las convencionales. Razones que a Sabina impresionan. Sin embargo, cuando Joaquín cantó al Jaro en la cárcel de Yeserías, en 1983, su joven viuda que allí estaba reclusa no quiso escucharle. De nada sirvió que el autor tratara de explicarle en privado que se trataba de un homenaje. Toñi no quería que perdurase la memoria del Jaro, no quería que su hijo David llegara a conocer quién fue su padre y qué perro destino tuvo.

"Círculos viciosos", a dos voces, es el toque salsero que nos arregla un poco el cuerpo si es que nos hemos pasado de trascendentes con los tres cortes anteriores de *Malas compañías*. Su letra, con todo, no es nada trivial. La rumba la toma prestada de un gran amigo suyo, Chicho Sánchez Ferlosio, que puede considerarse el patriarca de los cantantes atípicos en España, que incluso llegó a ceder temas a Joan Baez, pero que nunca se preocupó un bledo por promocionarse. Todo un artista de principios, partidario del sentido cómico de la vida.

Suenan también en la cara A unos arpegios típicos del folk-rock que acaban creciéndose con voces y compases de guitarra eléctrica. "Gulliver" está escrita desde el final, a partir de la suma de bienaventuranzas y riesgos que deben adornar a todo el que quiere sentirse "un gigante en el país de los enanos, (…) loco en el país de los cuerdos, (…) libre en el país de los presos, (…) la voz que clama en el desierto". "Bruja" tiene similar cadencia y desenmascara a una chica enamoradiza con pretensiones de mujer fatal, para escarmiento de todas las aprendices de Marilyn Monroe. Creo que junto al corte que la sigue, "Mi amigo Satán", suman los minutos más flojos de un buen elepé. Salta a la vista que a Joaquín le cuadra ejercer de satírico, que no de satánico, que tiene cara de travieso, pero no de perverso. Quizás lo imperdonable sea en ese corte rimar "dos" con "Dios". "Manual para héroes y canallas", sin embargo, tiene visos de maldito, induce a desmentir las reglas de urbanidad y cortesía y a lucir la estética de la rebeldía, a torcer la mueca. Incluso anima al envilecimiento, pero con swing. Es un buen fragmento de rock en estado líquido, a lo J. J. Cale, tomado al contrapunto, con galope de guitarra eléctrica y distorsiones.

Para acabar, los ritmos más decididos del disco los proporcionan "Carguen, apunten, fuego" y "Pasándolo bien". En el primero se marca un rythm & blues para aludir a las desventuras del recluta común, y parece como si después de cada una de las estrofas que Joaquín interpreta con voz arrastrada escupiera con inquina al suelo. En realidad, es una invitación para que usted lo haga y se quite el mal sabor que le dejó el servicio militar en España -si es que no salió excedente de cupo-, a la vez que se siente comprendido. Además, seguro que también se creyó capaz de escribir en una carta:

*Las 7:00 de la tarde,*
*quisiera estar borracho...*
*(...) Queda el pobre consuelo*
*de andar de cuando en cuando*
*a aumentar la clientela*
*de una casa de putas (...)*
*(...) El capitán nos habla*
*del amor a la patria,*
*el sargento del orden*
*y de la disciplina,*
*los soldados dormitan,*
*cuentan los días que faltan*
*o se llenan la panza*
*de vino en la cantina.*

*(...) Y el lunes otra vez,*
*cómo no mi teniente*
*tiene mucha razón,*
*sí, claro, desde luego.*
*Cuerpo a tierra, saluden,*
*media vuelta, de frente,*
*firmes, alto, descansen,*
*carguen, apunten, fuego...*

Por lo demás, "Pasándolo bien" trata de recuperar el espíritu más elemental del rock'n'roll cervecero y descarado. Eso sí, entendiendo que después de Dylan y Lou Reed su lenguaje sirvió no sólo para mover el cuerpo, sino para hacer circular ideas y airearlas. El rock'n'roll vuelve para decir algo inteligente al tiempo que divertido:

*Pasando de hippies,*
*pasando de tripis,*
*pasándolo bien.*

*Pasándolo de cafres,
pasando de gafes,
pasándolo bien.*

*Pasando de críticos,
pasando de místicos,
pasándolo bien.*

A pesar de contar con cinco temas con méritos suficientes para ser cara A de singles ("Pongamos que hablo de Madrid", "Calle melancolía", "Que demasiao", "Círculos viciosos", "Pasándolo bien"), *Malas compañías* es un disco de circunstancias y requiere una valoración de conjunto. En el disco se revela que la voluntad de Joaquín Sabina es la de desmarcarse de los estrechos márgenes musicales en los que, de acuerdo a la tradición, ha de desenvolverse el cantautor. Está decidido a evolucionar hacia el lenguaje del rock y acelerar su pulso. Lo que esta vez le ha faltado son medios, y se puede comprobar comparando la envergadura que hoy alcanza "Pasándolo bien" en sus conciertos con la versión original grabada en *Malas compañías* e interpretada en La Mandrágora a la guitarra acústica.

Era su vena esperpéntica, que la convivencia con Javier Krahe había fomentado, la que le estaba dando el éxito cada noche en La Mandrágora. La prensa ya empezaba a considerarle un duende de la sátira social y un irónico costumbrista, pero Joaquín esperaba aún demostrar que traía de Londres la inspiración de la canción urbana más ácida y el blues, un bagaje inaudito en el resto de los cantautores, exceptuando Hilario Camacho.

Joaquín Sabina estaba dispuesto a convertirse en un juglar urbano, ¿para tomar partido en las historias ejemplares que va a contar, o para lamentarse de que las protagonicen figuras tristes como las de su Princesa, el Tolito o el Jaro? La referencia que tenemos es la insana fascinación que ejerce sobre Joaquín la figura del perdedor y por eso podemos preguntarle también: ¿es la misión del juglar urbano la de rastrear lo que de humana tiene aún la vida en la gran ciudad, o, simplemente, la de estar a la altura de los tiempos como un cronista imparcial? Puede ocurrir que allí donde acaba la apuesta por la concordia y la fraternidad humana se haga necesaria la canción que mitifique la lucha por la supervivencia en el asfalto. Lo cierto es que en 1981 Joaquín se explicaba en una entrevista para el *Heraldo de Aragón* con los siguientes términos: "Me siento muy dentro de la ciudad. Aquí es donde se mezcla lo increíble con lo sugestivo, lo emocionante con lo triste y vulgar. El campo me parece una ordinariez, no tiene ningún interés para mí y desde luego cuando me cambie de ciudad me iré a vivir a Nueva York, donde el reto con el ambiente es diario".

Hagamos un poco de historia con mayúsculas. Cuando las radios llegaron a las aldeas de la Península, en virtud del progreso y del nivel adquisitivo de los aldeanos, los estudiosos del folklore clamaron al cielo. Sentenciaron que les harían olvidar sus cantos tradicionales de siembra y recolección, como el ensordecedor traqueteo de las máquinas cosechadoras y tractores. La música ratonera venía del burgo mercantil e industrial, donde se hacinaban gentes sin escrúpulos ni raíces y mano de obra emigrada que había perdido su patrimonio cultural. Entonces muchos cantantes populares, a despecho de los folkloristas, trataron de redimir al ciudadano alienado comparándole la alegría de vivir a los campos en flor y a los manantiales de agua clara. Sus esfuerzos fueron en vano. Pronto se dieron cuenta que en la gran ciudad casi nunca salían las estrellas y entonces se prodigaron en cantos existencialistas: que si el hombre moderno frente a la máquina, que si frente a la masa, que si frente a la angustia. Hasta el momento todo había sido negar los síntomas de la cultura urbana en la música y predicar la nostalgia de la cultura rural. Coincidiendo con los tiempos democráticos es cuando realmente aparece la primera afirmación del ecosistema urbano: el redescubrimiento artístico de la ciudad, la euforia de la vida en la calle con sus buscones e ídolos de barro, las luces de neón y el *happening* y la *performance*, la cosmética optimista y el *rouge* del deseo. A partir de ellos el juglar urbano ya no puede refugiarse en "Calle Melancolía", sino que ha de mezclarse con los alucinados en los carnavales, cantar a las emociones de las masas y estar prevenido para cuando los neuróticos pierdan la consideración de genios, el júbilo se aqueje definitivamente de cirrosis en tercer grado y los fuegos artificiales dejen de iluminar el cielo. Para, cuando se acabe la movida, saber cantar historias de náufragos por no haberlas ignorado entonces, por haber sabido de quienes siempre respiraron a ras de alcantarilla o buscan piedras preciosas en los colectores.

A fin de cuentas, mienten o lo ignoran todo quienes pretenden que el rock es solo una música de importación, sin raíces. Hay un lenguaje universal vinculado al tráfago común de toda gran ciudad, y ese es el rock. Joaquín Sabina estaba convencido de que el rock era el legítimo folk urbano del último cuarto de siglo, y cuando empezaba a preguntarse qué tenían en común la cotidianeidad a la que cantó el sardónico Brassens con aquella a la que canto el acido Dylan, cuánto tiempo habrían sido capaces de cantar juntos por pura diversión en un café concierto, también la CBS calculaba si valía la pena apoyar con promoción la salida al mercado de un disco como *Malas compañías*. Entonces el presentador televisivo Fernando Tola, que frecuentaba La Mandrágora, se decidió a extender una oferta al trío de cantantes que allí oficiaban. Les propuso a J. Krahe, J. Sabina y a A. Pérez presentarles en su programa de T. V.: "Esta noche", a condición de que no maquillaran ni su desaliño ni su descaro. Y ellos aceptaron. Recordarán ustedes el acontecimiento, porque fue sonado. La cantinela de Javier Krahe que a los telespectadores dejó atónitos rezaba: "Y yo allí con la flor como un gilipollas, madre, y yo allí con la flor como un gilipo-o-o-llas". Por lo visto nadie conocía la palabra y de golpe se abrieron todos los diccionarios del país. Estaban en antena y el atrevimiento sin precedentes no se podía reparar desde instancias superiores. Lo cierto es que, por cortesía, se les dejó repetir veintitantas veces la barrabasada. Y se alborotó el gallinero.

Cundió el escándalo en los hogares bien pensantes y las señoras de los ministros colapsaron la centralita de R.T.V.E., para manifestar sus quejas ante tamaña desvergüenza. Al día siguiente también sonaban sin cesar los teléfonos particulares de Sabina o Krahe, pero no con reprimendas y amenazas. Tan bueno había sido su recital satírico en la Caja Tonta, que desde todos los lugares les felicitaban y les ofrecían contratos de actuación. El revuelo les desbordaba, todo el mundo les paraba por la calle, pretendía tocarles y se les declaraban amigos de toda la vida. Empezaba a ser incómodo tanto asedio y decidieron solidarizarse con el gremio de los famosos, comprendiendo por qué se desplazaban siempre en taxi y no en metro o en autobús. La avalancha de solicitudes les desbordaba y, por lo pronto, lo único que sacaron en claro fue que debían colocarse a la altura de las histriónicas circunstancias y multiplicar por diez su caché. Alguien como Ramón Mendezona, que año tras año había faltado a su promesa de contratar a Joaquín para actuar en las fiestas del PCE ("tal vez el año que viene, es que el programa está completo"), figuraba entre los que se interesaba ahora por él, como si nada hubiera pasado. Ante tanta desfachatez, a pesar de todo, no se le mostró Joaquín displicente:

-Es una pena, si hubieras llamado ayer mismo te hubiera costado treinta mil pesetas. Hoy, sin embargo, te va a costar doscientas mil, si quieres llevarme a la fiesta del partido.

Y el caso es que aquel caballero, todo un exdirector de Radio España Independiente, accedió sin rechistar. Era increíble la reputación que por arte de birlibirloque podía encumbrar a un muerto de hambre, sólo con asomarse a la pequeña pantalla. La reputación…, esa dama dos veces puta en acción…

A quién le vino al pelo el alboroto fue a CBS, que decidió que tanto Joaquín Sabina como Javier Krahe necesitaban un *manager* que, instalado en un despacho, adjudicara sus servicios al mejor postor. Llamaron a cuatro de los más importantes para que entrasen en tratos con los cantautores y la operación llegó a oídos de Fernando

Jurado, un representante marginado con el que CBS no había contado y que por entonces tenía en cartera al grupo Coz, que iba de capa caída. Fernando se presentó en La Mandrágora el día señalado y, antes de que la competencia pudiera felicitar siquiera a Krahe, a Alberto Pérez y Sabina por su espectáculo, les acaparó él la atención, cuando estaba a gusto lo celebraba con whisky y, hoy que había disfrutado tanto oyéndolos, lógicamente, perdió la cuenta de los consumidos. No obstante, quería ir al grano: podían firmar con cualquiera de los prestigiosos *managers* que habían ido a verles, pero teniendo por seguro que, al afortunado, él se encargaría de dejarle tullido… No encontró réplicas a su amenaza. Tomó la palabra J. Krahe y decide por todos: firmarán con él.

Sabina y compañía ha cumplido un año de rodaje en La Mandrágora y, en 1981, se les brinda la ocasión de presentarse en el teatro Salamanca de Madrid. El auditorio está repleto de la inmensa minoría que se entusiasma durante dos horas con todos y cada uno de los temas heterodoxos que van sonando. Con especial énfasis aplaude "Marieta", "La hoguera", "Villatripas" y "Un burdo rumor", en la voz grave de J. Krahe; "Un santo varón" y "La tormenta", en los gorgoritos de A. Pérez; y "Pasándolo bien", "Adivina, adivinanza", "Mi vecino de arriba" y "Pongamos que hablo de Madrid", de parte de Joaquín Sabina.

A pesar de lo mucho que pueden jugarse en su actuación, ni Alberto, ni Krahe, ni Sabina pierden su compostura informal, y eso les vale al día siguiente el veredicto favorable de la prensa. Los energúmenos que habían "ensuciado" las ondas de RTVE con sus inconveniencias dejaban de ser blanco de los editorialistas y entraban por la puerta grande en las secciones de espectáculos y música.

El 3 de julio de 1981, la crónica de *El País* decretaba: "la progresía ya es adulta". Para J. M. Costa, lo del teatro Salamanca había sido un show satírico, pasota, con aires chaplinenses a cargo de un patriarca como J. Krahe, de J. Sabina, el más juvenil, rockero y atractivo, y de la animación y la parodia de Alberto Pérez. Ignacio Ruiz Quintana,

*Compárese la sonrisa de la máscara y la de Sabina. Salón piso de Tabernillas.*

desde *ABC*, recurría el lenguaje del ruedo, a la sintaxis del castellano del siglo XVI y al buen decir castizo para explicar a qué cuento venía que una compañía de farsantes, sopistas y cenceños, pícaros y truhanes, hubiera acampado en el escenario. *El Alcázar* titulaba la columna de José Manuel Cuéllar: "Aquel viejo sonido casi perdido", refiriéndose a que el gran público rescataba la música del cantautor, al humor de Alberto Pérez, a la potente voz (¿) de J. Krahe y las impecables maneras de Joaquín Sabina. Y, a juicio de Ana García Rivas, en *Diario 16* podía leerse: "Consagración de tres cantantes satíricos". "Tres cachondos mentales, subidos de iconoclastas, dando dentelladas de hijos a papá Brassens". Y se transcribían además unas palabras de elogio para Joaquín Sabina de parte de J. Krahe: "Sabina es en lo moral un Séneca, en la oratoria Castelar y en lo musical un Mateo Inurria".

Los tres estaban convencidos de que su público estaba en la progresía madrileña y, sin embargo, con ocasión de la gira en la que se embarca en ese verano, cobraban más optimismo. Resulta que las amas de casa de los pueblos visitados, con ocasión de distintos festejos, también se lo pasaban a lo grande escuchándoles. Inaudito. Claro, que no menos sorpresa les había causado la presencia de la nieta de Franco entre la clientela progre de La Mandrágora. Cierta noche apareció en el café-cantante Merry Martínez Bordiú. Ya no la acompañaba Jimmy Jiménez Arnau, su ex marido burlón, así que Joaquín encontró algo violento con interpretar, como a diario hacía, la chirigota dedicada al entierro del Generalísimo Franco, "Adivina, adivinanza". La canción no solo cuestionaba el buen nombre de su abuelo, sino el de su padre, el marqués de Villaverde; pero ni a Krahe ni a Enrique Cabestany, con los que consultó, les parecían suficientes motivos para excluirla en el repertorio. Ella sabía a lo que se exponía viniendo a tomar una copa allí. Joaquín, a pesar de todas las composiciones del lugar, no pudo desentenderse de la tensión que se respiraba en tanto la estaba interpretando y, por su parte, la nieta de Franco tragó, pero no aplaudió. El que sí lo hizo a rabiar fue su novio…

Los compromisos de actuación saturan en 1981 el calendario veraniego de los contratados de La Mandrágora. Se les ve en pabellones municipales de festejos y en carpas de toda la geografía, en ferias y en festivales de la canción de humor, junto a L. E. Aute y Moncho Alpuente y los Kwai; incluso en alguna discoteca. Del barrio de Hortaleza al puerto de Santa María, pasando por las fiestas del Pilar en Zaragoza, se prodigan hasta tal punto, que los de acá y los de allá aseguran haberles escuchado el mismo día y a la misma hora. Las notas de prensa siguen siendo cosechas favorables y, además dejan en claro que cada cual interpreta sus propias canciones. Han conseguido auparse a los auditorios de buena entrada y la CBS ve el momento de lanzarles con un disco. La propuesta de J. Krahe, J. Sabina y Alberto Pérez es que la grabación se haga en el transcurso de una de sus serenatas en La Mandrágora, con el sonido ambiente de la clientela habitual (chasquidos de vasos, risotadas, olés, parlamentos vacilones y compases de bossa-nova que se marca Alberto Pérez en los intermedios) y que su título haga honor al café-cantante.

El disco aparece en otoño con bastantes precauciones de tirada y, ciertamente, no es un *boom* de salida, pero vende. A ello contribuye la segunda aparición televisiva del trío, esta vez en *Entre dos luces*, donde se acepta su negativa a cantar en *play back* y a renunciar a parte de su recital. El programa estaba dirigido por Raúl del Pozo, un viejo conocido de Joaquín, pretendiéndose un remedo de "¡Qué noche la de aquel año!", el rodaje de Richard Lester que protagonizaron los Beatles. A propósito de la salida del disco, Alberto Caffaratto advertía en la *Guía del Ocio*: "Ahora, con el disco a la venta, la crítica comenzará sus ponderaciones sesudas, influencias, parecidos, según las lecturas; que si Brassens, que si Luthiers, que si etc., etc.; ni caso".

"Pongamos que hablo de Madrid", "Pasándolo bien", "Círculos viciosos", que Sabina ya había grabado, volvieron a los microsurcos -arropadas por los aplausos del público- con una ejecución más fresca y coros complementarios. "Adivina, adivinanza", con todos los rodeos para evitar el nombre del vituperado (innecesarios para torear la censura, pero necesarios para mantener la gracia de la canción), también pudo editarse. La canción, que se anuncia con una obertura aflamencada, quiere ser la crónica del desfile de personalidades que asistieron al entierro de Franco, dando cuenta incluso de los personajes resucitados para la ceremonia. En el macabro cortejo desfilan el Cid, Pemán, Agustina de Aragón, Don Pelayo, Santa Teresa, Bernabéu, 1.512 monjas, el futbolista Marcelino, Napoleón, Torquemada, el coño de la Bernarda, Celia Gámez, Manolete, San Isidro Labrador, el soldado desconocido, el marqués de Villaverde, el Niño Jesús de Praga, Rita la cantaora, don Cristóbal Colón, la adhesión del Ku-Klux-Klan, la Tuna, Perico Chicote y hasta quienes conspiraron contra él rabiando por no haberle podido derrocar en vida. Pasados los malos tiempos, es como si, en virtud de la canción, la comitiva se transformase en un número de revista.

Por lo demás, Sabina interpreta a dúo con Alberto Pérez "La ovejita lucera", un tema socarrón de F. Almagro y M. Villacañas, y el resto de las canciones son alardes vocales de A. Pérez y Krahe. "Marieta" y "La tormenta" (traducidas y adaptadas de G. Brassens por J. Krahe), "Un santo varón" (compuesta por Raftler, Montesinos y Jorge Krahe), "El cromosoma", "Un burdo rumor", "Villatripas", "Nos ocupamos del mar" y "La hoguera", cuyas letras se deben al ingenio de Krahe. Total, cincuenta y tres minutos con algunos segundos de canción satírica e inquietante, más las murmuraciones entre canción y canción, sin arreglos musicales. Casi una hora de espectáculo en el que las vedettes creen morir de satisfacción. Es más, cada vez que alguien escucha el disco que inmortaliza su diversión en cualquier lugar del globo, a cada uno de ellos le entra un cosquilleo irresistible, esté donde esté.

El disco de La Mandrágora, con la producción de Jorge Álvarez, aunque no fuera un *boom* salida, alcanza a mitad de los años ochenta la bonita cifra de 75000 ejemplares vendidos.

Durante 1982 Joaquín Sabina continúa en el café-cantante junto a sus compañeros, subiendo al escenario cada noche como si fuera la del estreno. Cantar con chuletas sigue siendo parte del espectáculo, además de ser socorrido. Allí da cita a todo el que quiera saber de él y allí conoce a Pilar Carbajo, con quién entablaría una cariñosa relación y a quien subiría años más tarde al escenario como corista. Discrimina Joaquín menos ofertas de actuación que Javier Krahe. Prosigue de gira con él por provincias (nunca conseguirá hacerle entrar en un puticlub de carretera) y con Alberto Pérez, cuando de lo que se trata es de maniobrar con el show de La Mandrágora. Además, promociona por su cuenta y riesgo los temas de *Malas compañías* en otros recitales. Sigue en pie su contrato editorial con CBS y prepara versiones de los éxitos franceses e italianos (sobre todo de Ricardo Cocciante) para que los cantantes que la compañía tiene en cartera los interpreten en castellano. Empieza a componer para estrellas como Miguel Ríos y Ana Belén, y cuando trata de componer para él casi nunca le viene la inspiración estando en casa. Por lo regular consigue tomar la medida de una nueva canción en bares, en la furgoneta, mientras se desplaza en sus giras y en los hoteles donde para; más cerca del campo de tiro y del rumor de la calle (que sabe de episodios, bulos y sentencias) que del laboratorio, el refugio y la torre de marfil.

Una velada memorable fue la que el show de La Mandrágora ofreció en el teatro Regina de Barcelona, a principios de año. A juicio de Anna Llaurado, que escribía en el *Diario de Barcelona*, "para ellos cantar y actuar es un juego, una diversión y ese sentimiento consiguen transmitirlo al público". No es que descubriera nada nuevo a la galería, pero sí supone el exponente de la aprobación del público catalán y, por tanto, "el espaldarazo europeo para unos cantantes de provincia educados en el casticismo". Anna Llaurado comparaba los "dubis" de Alberto Pérez (dubidud, dubidú) al scat de jazz, y destacaba temas ya clásicos como "Marieta", "La tormenta", "El hombre puso nombre a los animales" y "Almacenes San Mateo", en la voz de Teresa Cano, un nuevo fichaje para el show a los coros.

*Sabina pidiendo las palmas que se necesitan para una canción como "Juana la Loca".*

En mayo, un año después de su debut, Javier Krahe y Joaquín Sabina reaparecen, sin la comparecencia de Alberto Pérez, en el teatro Salamanca de Madrid. Cierto choque de temperamentos, en el que no hay que delimitar responsabilidades, le apartó del show y, ahora, Javier se dispone a defender por sí mismo sus propios temas.

Los diarios cifran en mil seiscientas las personas que se llevan la sorpresa de ver cómo se monta un cuarto de estar en el escenario para acomodo de los cantautores. Está claro que no vienen a repetirse. Joaquín Sabina y Javier Krahe no pretendieron nunca más que cantar entre amigos y, a ser posible, organizando las veladas en casa. Se llevan a la palestra el tresillo, la lámpara de pie y las macetas de casa de Joaquín, y se hacen servir cervezas y canapés por un mayordomo que no es otro que Paco de Lucena, el nuevo manager de Joaquín. La situación de lo más doméstica: Sabina canta, Krahe hojea el periódico esperando turno, el cartero trae el correo en bicicleta,

*La familia de los cantautores casi al completo: Paco Ibañez, La bordeta, Luis Pastor, Aute, Sabina, etc...*

Lucía sale desnuda de la ducha y el mayordomo la persigue, mientras Teresa Cano hace punto en el tresillo sin inmutarse. Se suceden los gags y cuando Javier Krahe se dispone a actuar, remata la escena: a título preliminar, se siente impulsado a reventar una guitarra contra el suelo remedando a las estrellas del rock'n'roll. En fin el *happening* es acertado, y sin embargo, no lo explotan más que en 4 funciones por falta de profesionalidad. La prensa se vuelca en elogios para un espectáculo que la gran mayoría se perdió. Ana García Rivas sigue explorando los adjetivos del diccionario en busca de los que pudieran piropear al trío. Sin ir más lejos desde *Diario 16*, esta vez les llamó "iconoclastas de burla mordaz y contramontana".

Pero hace tan sólo unos meses que Víctor Claudín ha publicado su libro *Canción de autor en España* y todavía circula en él cierta imagen antidiluviana de Joaquín, capaz de extrañar a quienes en 1982 lo tratan de autoridad iconoclasta. No por sus opiniones sobre la falta de gracia de la trasnochada canción política o por su reivindicación del tugurio como escenario ideal, sino por su desinterés por la conquista de un público mayoritario: "Si vienen doscientas personas a vernos, pues ese es nuestro público. El tipo que canta las cosas que escribe no tiene por qué ser de una terrible mayoría ni mucho menos, ni salir todos los días en la prensa, sino que es una cosa más humilde, más sencilla, y más hermosa que todo eso". Claro, que, en las entrelíneas de estas almibaradas declaraciones de un showman que a lo que parece intenta pasar desapercibido, deben curarse de humildad aquellos fantasmas aguitarrados que una vez soñaron recorrer Europa. Lo cierto es que Joaquín Sabina, de siempre, había hecho migas con gente como Joaquín Carbonell o Sisa, más amigos del underground que de la militancia política. Cualquier noche, de madrugada, recalaban por sus pagos de Madrid, se reunían con él en La Mandrágora y acababan en su casa, donde Joaquín Carbonell encontraba "los cachivaches más raros y los objetos más inútiles que venden en el Rastro: un maniquí, miles de botes de latón, retratos absurdos de no se sabe quién, ni falta que hace porque quedan bonitos; lámparas chinas y radios de capilla. Entonces Sabina interpreta a Sisa la versión que había hecho de su "Qualsevol nit pot sortir el sol" e imita al maestro Machín. Explica a la concurrencia cómo hubo un tiempo de banderas en que no se podía cantar "A lo loco, a lo loco se vive mejor" y hace memoria de un bolero que compuso cuando una de sus primeras novias le dejó". Un bolero que reza así:

> *Después de tanto tiempo al fin te has ido*
> *y en vez de lamentarme he decidido*
> *tomármelo con calma…*

Claro que, en las primeras luces se acababan las existencias de whisky y tabaco, y los borrachos misóginos que habían resistido sin cabecear decidían sacar juntos un disco de pasodobles, habaneras y boleros. Eso en homenaje a la música que realmente les gustaba: Machín, Bonet de San Pedro y un tal Bola de Nieve.

En los meses de noviembre y diciembre de 1982, los datos del Ayuntamiento y las empresas y agentes del espectáculo sirven para confeccionar una lista con los recitales más contratados. Por orden, citan los de la Trinca, Aute, Nuevo Mester, Sabina y Krahe.

De un año para otro los números de La Mandrágora se hacen más participativos. Se prolongan hasta el toque de maitines y, como en los fuegos de campamento, el público es invitado a cantar. Parece autosuficiente para divertirse. Entonces las quejas de los vecinos insomnes se multiplican y las sucesivas denuncias por parte de uno consiguen de las autoridades la clausura del local. Para esa fecha de 1983 tanto J. Sabina como J. Krahe planeaban despedirse de su clientela y explorar otros caminos por separado. Lo cierto es que estaban empezando a repetirse los gags y era primordial que no llegara a ser el aburrimiento al que les separase de tal escenario. Durante un show con Javier Krahe la crítica ya había observado a Joaquín ciertos tics y mañas de rock, pero lo que no sospechaban era que, sin dejar de actuar en La Mandrágora, ensayaba con diferentes grupos de rock'n'roll y calculaba las posibilidades que tenía de respaldar sus nuevas canciones con una banda y bastantes watios detrás. Por aquella época cobraba auge la sala Morasol y el Rock-Ola, a todo volumen. Nada que ver su apuesta juvenil con la atmósfera de La Mandrágora, donde la autocomplacencia del público la parecía a Joaquín cada vez más inmovilista. Se trataba de un público que se le estaba haciendo viejo… De alguna manera sucumbía a la manera intelectual de ver las cosas, hallando en la canción satírica cierto escudo antibalas…, el descrédito de todas las emociones que implicaran un cierto riesgo, la medida de un escepticismo demasiado barato.

A pesar de todo, hoy Joaquín opina que, "si la felicidad se parece algo, es a los tres años que pasé cantando en La Mandrágora". Le pregunto si no lo habrá idealizado con el tiempo y lo descarta. Entró en el local cobrando mil pesetas y no llegó a cobrar más de diez mil al cabo de tres años, cuando ya su caché de puertas afuera estaba en trescientas mil. Para él, la diferencia de tarifa se compensaba con una satisfacción en el escenario de La Mandrágora que no tenía precio.

La canción política de los años setenta se había sostenido en pie gracias al equilibrio entre su forma y su fondo. La voz desnuda cantaba a las verdades descarnadas con manifiestos y, en consonancia, el soporte musical de que se ayudaba tampoco podía sofisticarse. Se devaluaron las verdades objetivas, los dogmas y las palabras grandilocuentes que reivindicaban el mundo feliz. Después, en la canción comprometida se divorciaron el fondo y la forma. La interpretación de la realidad empezó a ser compleja, contradictoria política y sentimentalmente. Dejamos de escuchar a Raimon pero aún escuchamos a Silvio Rodríguez y a Pablo Milanés porque reconocimos que trabajaban sus partituras a la vez que interiorizaban la canción, que eran capaces de desafiar al optimismo de la revolución con una insatisfacción amorosa. En España muchos cantautores naufragaron, con la honestidad por delante, al sustituir sus soflamas por letanías a la confusión de los nuevos tiempos. Eso el público no lo aceptó. Había aceptado que se le estimulara con lontananzas de la utopía, pero no podía aceptar que ahora se les confundiera más de lo que estaba con el mismo aire grave. Imaginariamente superamos la dictadura del proletariado y reivindicamos la anarquía, última fase del mundo feliz socialista; descreímos del militantismo fatigoso y sufrido, alimentamos el agnosticismo y dimos alas a los nuevos libertadores, a los iconoclastas que sólo buscaban las ceremonias divertidas y la capacidad de deleite del arte. En este contexto, el show de La Mandrágora tuvo como objetivo necesario y suficiente la réplica al lamento del cantautor clásico con sus mismas armas, guitarra en ristre, y el as de la ironía y el desenfado sacado de la manga. A plazo medio, sin embargo, debía disolverse para no estancarse y acabar alimentando la nostalgia de la canción a pelo, que difícilmente podía seguir estando a la altura de las circunstancias.

## VIII. EL ARSENAL DEL ROCK

> "Ne fais surtout pas des chansons trop
> Bêtes même si les gourdes aiment ça."
> (No escribas canciones idiotas incluso
> si a los idiotas les gustan.)
> "Consejos a un amigo"
> Boris Vian

SABINA OBSERVABA CIERTOS PARALELISMOS ENTRE SU EVOLUCIÓN musical y la de Dylan. Incluso había coincidido en el tiempo a la hora de enamorarse, desengañarse y volverse a enamorar. Sin embargo, algo más que el ancho Atlántico les esperaba. Mientras Dylan llegó a defender casi todas las banderas (la del folk-singer, la pacifista, la de la psicodelia, la del rock armado y últimamente la evangelista), Joaquín Sabina llegó tarde a defender casi todas excepto la de su propia vitalidad. No había sido nunca un líder generacional y a partir de *Inventario* había decidido no atreverse a cantar como portavoz de un sentir colectivo y, menos, de una ideología con siglas. No obstante, eso no era óbice para no solidarizar su guitarra en algún festival de beneficencia o, si lo requerían, en un acto en pro de la libertad de expresión en Latinoamérica. Siempre que puede se solidarizará por puras razones sentimentales.

Su revalorización como cantautor había surgido de la distancia crítica ante el modelo de cantautor clásico y cuando decidió electrificar su repertorio sabía, por otra parte, que no estaba experimentando nada inédito. Por la reacción dispar que en 1965 el público había tenido al abrazar Dylan el rock con su álbum *Hig way 61 revisited*, podía calcular qué grado proporcional de polémica levantaría entre su público y la prensa. En España existía el precedente de su amigo Hilario Camacho que, a decir verdad, no se había apuntado todos los tantos del envite. Por eso decidirá titular su álbum *Ruleta rusa* y no *Punto y seguido* como tenía planeado, temiendo electrocutarse o dar un salto en el vacío. El juego era peligroso, igual que los callejones sin salida de la ciudad nocturna que estaba recorriendo al encuentro de los ángeles caídos de sus canciones. Joaquín se fotografía de smoking, con el pelo engominado y sosteniendo un revólver contra su sien, para la carpeta del disco. El cambio de imagen será absoluto. En el retrato que algún periódico reprodujo a su vuelta del exilio había aparecido abrigado y se asemejaba a Billy el Niño, con la mirada fija y perdida. Al posar con Javier Krahe y Alberto Pérez estilaba sonrisas contagiosas, con camisas de cuello duro y niquis de gondolero. Y cuando sus ojeras y corbatas comienzan a causar sensación, se va a fotografiar para la posteridad con pajarita y, sobre todo, se afeita definitivamente… ¡No me digas, muchacha, que hasta ahora te habías imaginado a Joaquín Sabina tal cual es hoy sin barba! ¿Crees sinceramente que sus andanzas las pudo llevar a cabo alguien sin barba? Siento defraudar tus figuraciones al reconstruir los hechos en la vida de Joaquín, y te aconsejo que no avances más la lectura, que releas el libro desde el segundo capítulo, concediendo a su protagonista el agravante de la barba. Es imprescindible para comprender bien sus conductas.

En marzo de 1983 Víctor Claudín editaba un libro a instancias de la recién constituida Asociación para la Música Popular, cuyo sugerente rótulo de spray rezaba: *Pueblo que canta*. En sus páginas se recogían las definiciones de la canción popular que los críticos, estudiosos y cantores del género daban, y entre ellas la de Joaquín Sabina. Mejor dicho, su fracasado intento de dar una definición satisfactoria después de calentarse la cabeza. En consecuencia, Joaquín Sabina, que declaraba por entonces a la revista *Tiempo* no haberse encontrado a sí mismo como cantante hasta que no se basó en historias reales que reflejaran a personas de su barrio, cumplía el encargo elaborando una larguísima lista de canciones que a él le habían parecido populares. Desde "¡Hala Madrid!", "No somos ni Romeo ni Julieta" y "Pedro Navaja" hasta "Puente de los franceses", "Angelitos negros" y "El patio de mi casa". Otros afiliados a la asociación como Fernando González Luccini o Antonio Gómesz escribían ensayos sesudos sobre el tema y, sin embargo, para Aute toda la panorámica se podría resumir en un pareado: "Cantar o no cantar, he aquí el dilema de la canción popular". En círculos oficiales Sabina es alguien que ha sabido cómo cantarle a los tiempos democráticos y durante las fiestas de San Isidro se le solicita en la Plaza Mayor para que cante junto a Elisa Serna, Chicho Sánchez Ferlosio, Pablo Guerrero, Paco Segura y Joaquín Lera en la comitiva de los "Juglares de la libertad". Sólo a un cantamañanas se le podía haber ocurrido semejante etiqueta y, a falta de condiciones políticas adversas, el recital se lleva a cabo con malas condiciones meteorológicas, con frío y lluvia.

Coincidiendo a veces con Javier Krahe, Joaquín Sabina ya acudía a las actuaciones con el armazón musical de su primera banda y presentaba los temas que iba perfilando en los ensayos semanales con vistas a la grabación de *Ruleta rusa*. Antonio Sánchez a la guitarra acústica (como los buenos tiempos de La Mandrágora), Miguel Botafogo a la guitarra eléctrica, Antonio "el zurdo" al bajo y Miguel Ángel Jiménez a la batería le daban a conocer con un sonido nuevo en el Rock-Ola. El dato no escapaba a Francisco Umbral, que por entonces ya decretaba el final de la "movida" desde *El País*

(28-XI-1983): "Incluso en el Rock-Ola anunciaban el decadente Sabina", escribía en el "Spleen" de Madrid. Lejos de indignarse, Joaquín le contestó por carta con un soneto en el que le agradecía una mención de su pluma largamente esperada.

Joaquín y su banda, que de forma provisional se hacen llamar Ramillete de virtudes, toman también la alternativa en el Colegio Mayor Pío XII y ven, por fin, el momento de encerrarse en el estudio de grabación. Las ideas giraban en la cabeza de Joaquín a treinta y tres revoluciones por minuto, lo cual se prestaba a dos interpretaciones: la primera, que montado en las cabalgaduras del rock se sentía subversiva como nunca; la segunda, menos delirante, que no estaba dispuesto a salir del estudio hasta que todas y cada una de sus canciones contribuyeran a dar coherencia al elepé. Pero poco antes de empezar a grabar cambia de músicos y a este primer trastorno le sobrevienen otros. La producción, como el caso de La Mandrágora, está en manos de Jorge Álvarez y Joaquín cada vez encuentra más reproches a los arreglos y el sonido que va quedando como definitivo. Pretende dar marcha atrás, pero la compañía de discos no parece dispuesta a correr con los gastos extras. El disco queda en suspenso mientras mantiene un tira y afloja con CBS, y, por fin, asume él mismo la responsabilidad del resto de la producción. "Caballo de cartón", "Por el túnel" y "Pisa el acelerador" constituyen los tres cortes del disco en que decide mantener el sonido de su primitiva banda. También Incluye en *Ruleta rusa* "Viejo blues de la soledad", que en la segunda edición será sustituido por "Telespañolito", a iniciativa de CBS, puesto que el tema acaba de sonar en televisión por encargo. Además, Joaquín interpreta en el Lp "Guerra Mundial", que es un tema retocado de Manolo Tena, el bajista del grupo Alarma. Es más, a última hora resuelve grabar así mismo "Juana la loca". Sin tiempo ya para perfeccionamientos técnicos, busca la colaboración de los arreglos del grupo Suburbano y Antonio Sánchez. Después de tanta peripecia *Ruleta rusa* aparece en el mercado a finales de 1983, con un arte final aceptable. Joaquín sabía

*Nótese el esfuerzo poético del cantautor.*

que ninguno de los contratiempos de la grabación iba a justificarle ante la crítica y que, además, los temas en directo ganarían mucho, darían la verdadera dimensión de sus posibilidades. Álvaro Feito al hacer la reseña del disco, en la *Guía del Ocio,* reconocía el esfuerzo de un letrista como Joaquín Sabina por acceder al lenguaje rítmico y sonoro de nuestra época, le exculpaba por internarse al blues y a otras formas tradicionales de la canción hispana y encontraba algún rock'n'roll descarnado al lado de baladas convencionales, rimas fáciles y pareados sin pulir en el que, a pesar de todo, era el el mejor trabajo del cantautor.

A Sabina, más que la reacción de la crítica le interesa la del público, y por eso se prepara a cumplir un calendario apretado de conciertos. En ese momento mantiene en la incertidumbre a su antiguo público del café-cantante y aún no ha ganado el sector juvenil acostumbrado a la indumentaria de cuero y al aire provocador de las estrellas del rock'n'roll; Joaquín cree que puede existir un puente entre el *leit motiv* del cantautor y las posibilidades expresivas del rock, ahora que abren en él brecha los grupos modernos que reivindican el rock'n'roll de base y el rockabilly, el nuevo pop e incluso Miguel Ríos con su *boomerang* o el show de Gurruchaga con la Orquesta Mondragón.

La casa discográfica propone a Sabina la presentación de su nueva imagen en un amplio circuito de escenarios y, sin embargo, no invierte en promocionarle. Ello no pasa inadvertido para el artista, pero decide posponer réplicas y desafiar como un viejo rockero el desgaste de piel en la carretera. Allí donde actúa va a hacer por el intercambio de energía con el público, porque sabe que el rock'n'roll es agradecido. El mensajero del rock derrocha calorías. Sabe que la gente que las recibe se enciende también y se las transmite de vuelta enriquecidas. Constituye un juego de campos magnéticos difícil de explicar por ninguna ciencia, pero, sin duda, una fuente de alimentación preciosa para que Joaquín Sabina se sienta estimulado y recargue baterías.

No es tal vez el teatro Salamanca el lugar ideal para calentar motores, porque a Joaquín Sabina más bien empieza a suponerle una prueba anual de aptitudes ante la crítica. No obstante, la noche del 15 de diciembre de 1983 declara su buena disposición antes del concierto: "Voy a transformar este local en lo más cutre y guapo posible". Desgrana los primeros temas de amago con la acústica de su anterior disco y enseguida da el golpe de efecto rompiendo el dique de su nuevo caudal de sonido. No en vano, su renovada banda había tomado al asalto el escenario esperando la orden de batalla. Antonio Sánchez y Pancho López a las guitarras eléctricas, Javier Martínez al bajo (en sustitución de Antonio "el zurdo" y Fernando Anguita), Paco Beneyto a la percusión (por donde habían pasado Jimmy Ríos y Ángel Jiménez) y su amiguísima Pilar Carbajo a los coros. La descarga de rock'n'roll y rhythm and blues pretende ser una fiesta, y si provoca en su antigua feligresía deserciones, gana en compensación adeptos de otras parroquias. Se dice que la mejor actitud del cantante es "traicionar siempre a su público" y marchar dos pasos delante de él, pero a fin de demostrar que los buenos compañeros de onda no le han negado el saludo, invita a subir al escenario a Juan Antonio Muriel, Noel Soto y las Vainica doble, artistas que comparten los *managers* amigos de Joaquín: Paco Lucena y Manolo Paniagua. Con Noel Soto interpreta una de sus canciones, "Al otro lado del Edén"; con Juan Antonio Muriel, "Princesa"(reciente Sirenita de Plata en el Festival de Benidorm); y deja a las Vainica Doble que se basten solas para bailar a discreción después de ceder sus "Cartas de amor" a la voz de Pilar Carbajo. La noche del día siguiente, ya la audiencia salta de sus asientos y baila en los pasillos del teatro. La cadena SER retransmite en directo el concierto y la crítica se quita de momento el sombrero, pero espera pedir explicaciones a Joaquín Sabina sobre su conversión al rock. El periodista Javier Rivera obsequia con cuatro estrellas de cotización a *Ruleta rusa*, las mismas que merece *Colour by numbers*, de Culture Club, y *Staying Alive*, de Bee Gees. Víctor Claudín desde *El Socialista*, reconoce con discreción que un cantante popular ibérico puede tener razones de peso para estrenarse en el lenguaje musical del neocolonialismo anglosajón. Los personajes capaces de jugar con Joaquín a la ruleta rusa, el travestido, aquella mujer que hace del amor su profesión, la cenicienta que pierde definitivamente el zapato de baile, los locos y los suicidas, son más carnales que los de *Malas compañías*, donde cobraban protagonismo: la soledad, el diablo, la bruja y hasta los enanos de Liliput. Solo hay que reprocharle que aluda en muchas de estas canciones a una cara bonita en términos de "muñeca" o "nena", propios del doblaje del "baby" de las películas norteamericanas.

"Ring, ring, ring" es la sátira con la que fustiga a una cara guapa de la flora de los modelos o las *groupies* venidas a menos:

> *Ahora que todo se derrumab,*
> *ahora que se acerca el fin,*
> *déjate de valium,*
> *no imites a Marilyn.*

Dylan había sido tan crudo o más con la dama a la que dedicaba "Like a Rolling Stone". Sabina, sin hacer poesía del difícil otoño que se le anuncia a la bella durmiente, se apresura a negarle sus favores de amante de consolación en el estribillo. El ritmo de la canción es trepidante y parece como si no quisiera demorarse en contemplaciones con el mal rato de la "muñeca". Sí se recrea, sin embargo, regresando al tiempo en que conoció a la imaginaria bailarina de un imaginario *saloon* del Oeste. "Por el túnel", a la que el grupo Suburbano hace arreglos instrumentales, se inicia con unas reposadas guitarras de country y se hace eco de la peripecia de una amiga que tal vez dio un mal paso al hacer del amor su profesión.

Está claro por qué se pueden dar tratamientos diferentes a dos historias de similar decadencia. Por qué la una merece un rock burlón y la otra una sentida balada. Las otras dos baladas del elepé son también exquisitas, y de las dos, para mí "Negra noche" es la más bella que haya escrito nunca. "Caballo de cartón" también tiene deudas con el acento del maestro Dylan, que sabe ser afectivo, y la entrada de los violines después de su estribillo es lo que le da en buena medida la coloración lírica. Quiere ser "Caballo de cartón" una pica en la poesía que Joaquín se empeña en destilar de un ritmo desdorado de vida, del trajín cotidiano de una chica oficinista. Antes del alba ya la reclama el horario; debe cruzarse en la calle con algún borracho al que aún no venció el sueño y tomar el primer metro adivinando en las caras de todos los condenados a madrugar una mueca de frustración erótica. En compensación, él le promete rescatar sus noches de la fatiga. Resulta significativo cómo, sin emplearse en más ternuras, Joaquín consigue transmitir bastante estremecimiento. Tal vez porque un episodio como éste, que nunca pasará a la historia, hace que se corresponda con una melodía también sin pretensiones, surgida del juego de una sola escala de acordes. Pero en Jaén, donde le oí últimamente la canción, se tomaba ciertas distancias sentimentales al presentarla:

-Esta canción está dedicada a una chica con la que viví hace tiempo. Ella se levantaba muy temprano para ir a currar y yo, por fin, podía estirarme a todo lo ancho en la cama.

El dato es que nunca pudo haber sido compuesta antes de que el ayuntamiento madrileño decidiera rebautizar la estación de metro de José Antonio con el nombre de Gran Vía. De no haber ocurrido eso, Joaquín no hubiese podido ajustar la métrica de su estribillo: "Tirso de Molina, Sol, Gran Vía, Tribunal".

"Negra noche", cuya música y primera grabación corrieron a cargo de Hilario Camacho, fue escrita por Joaquín Sabina con esquema de bolero. Esta canción podía haberse almibarado con coros incluso en las estrofas, pero Joaquín prefiere entonarla con su voz de llanero solitario y audaz, en sintonías de guitarra eléctrica, bajo golpes de acordes que suenan a amenaza. Más allá de donde "la ciudad pinta sus labios de neón" no quedan estrellas que iluminen y se desenvuelven los hijos naturales de la noche: los suicidas, las rameras y ciertos predicadores, los fugitivos y los fracasados: aquellos que nunca fueron invitados a una fiesta de disfraces. En la negra noche no habita la mala conciencia de los ciudadanos respetables, sino los demonios de su sueño. Es esa geografía donde los justos se atreven a pecar. La negra noche hay que recorrerla a pie, dejándose insinuar por sus voces, sin poder ser más que el espectador del paisaje urbano de la desolación. ¿Qué encuentro espera Joaquín antes de que amanezca? ¿Qué le detiene antes de cambiarse aún más en el laberinto de las tinieblas? Sin embargo, siempre regresa a casa despacio, con la sensación de ser el superviviente de un viaje a través del color turbio de unos ojos tristes y un sabor amargo en la boca. Esta balada tiene para mí el hechizo irresistible del vértigo. La verdad es que Joaquín ha conservado la fascinación por la media luz de las barras americanas más suburbiales y los tugurios que existen en los puertos donde los marineros y los fanfarrones apuestan y beben. Cuando era más joven no desistió de encontrar alguna madrugada el prostíbulo perfecto, y hoy lo primero que hace al visitar una ciudad es contemplar la puesta en escena de su barrio chino y buscarle su literatura.

*Ruleta rusa*, pese a los temas lentos que contiene, quiere ser un tratado de rock. Arranca con una obertura de saxo en "Ocupen su localidad", una marcha de carrusel que anuncia el espectáculo a bombo y platillo cada vez que Sabina actúa en vivo, con el concurso en escena de unos invitados especiales: Casanova, el marqués de Sade, Jack el destripador, Drácula y el enano de la orquesta Mondragón, entre otros. Casi sin que su último eco haya dejado de vibrar, chirrían los carriles por los que circula a gran velocidad el nuevo tren de vida de "Juana la loca". Se trata de una celebración, bastante escandalosa, de la sexualidad liberada de un travestí. El aire provocativo no se pierde en casi ninguna de las estrofas del tema, que suele ir acompañado en el escenario de los brincos de comodín de baraja de póker que da Joaquín. La gente entonces hace lo propio

*Y ahora… ¿qué?*

y bate las palmas en los dos o tres respiros que el juglar se toma para recobrar el aliento y contar que "Juana la loca" se echó a la calle con tacones y bolso y Felipe el Hermoso por el talle:

*Desde que te pintas la boca,*
*en vez de Don Juan*
*te llamamos Juana la loca.*

La estrategia de resumir en el estribillo el quid, el eslogan o la enjundia de su rock la utiliza también en "Pisa el acelerador" y en "Eh, Sabina", los dos proyectiles que restan en el tambor de la *Ruleta rusa*. "Pisa el acelerador", si bien no era el mejor tema del álbum, fue elegido por la casa de discos como single y llegó a disco rojo de la Cadena SER. Joaquín escribió su texto mientras deambulaba por París, a modo de alegato en pro de la liberación de la mujer bastante demagógico, tal vez pensado para sacudirse la fama de misógino que algunos le achacan. Desde luego, es el tema más comercial del elepé, lo cual, si no va acompañado de otras virtudes, como en este caso, se convierte en un socorrido recurso. De todos modos, las coletillas de Javier Martínez en directo amenizan bastante el estribillo acortándole algo de jugo.

Similar base rítmica alienta el rock narcisista que titula "Eh, Sabina". Está destinado a producir buenas vibraciones entre el público joven, pero a mí me parece un spot de imagen bastante descarado. O, mirado desde otro punto de vista, una concesión de filosofía barata a la galería. Sabina presume de bebedor, mujeriego y fumador, y en torno a ello maneja el tópico de la rebeldía juvenil. El mismo eslogan que predicaron algunos mitos del rock'n'roll americano, pero con una censura importante: en vez de drogas a discreción, hay tabaco. La canción, quizá, no aspira más que a pasar por divertida, pero hay quienes ven en ella una voluntad iconográfica que también les sirve para interpretar otras composiciones de Joaquín, al que ya no consideran el iconoclasta que fuera al principio.

En "Guerra Mundial", las flautas, los teclados y el solo de las primeras guitarras buscan dar relieve a un elevado componente instrumental, pero el acoplamiento no es bueno y lo que se gana con el lucimiento de los músicos lo pierde la coherencia del tema: a caballo entre la lírica y la épica catastrófica y sin un hilo conductor claro. Por otra parte, no es el tipo de canto con el que Joaquín Sabina se lamentaría de la tercera guerra mundial. Y queda por dar cuenta del "Viejo blues de la soledad", un tema original del lenguaje de las guitarras acústicas y la sordina que Joaquín se decida a grabar con la incorporación de más aditivos, burbujas de guitarra eléctrica, voces y percusión. En su caso, cuando el fastidio le inspira algo más que un blues convencional, siempre hace descarga en el rhythm and blues, no se orienta hacia ninguna suerte de godspell. Aquí, ensayando un timbre de voz carburada, lo introduce recordando la sórdida leyenda de sus primeros años en Madrid y se cura en salud. Habrá que decir de Joaquín Sabina algo más de lo que se ha dicho de otros blancos: que a pesar de no ser negro ni anglosajón es un inspirado blues-man.

Temas como "Juana la loca", "Pisa el acelerador" o "Eh, Sabina", piden bises de estribillo cuando son interpretados en vivo, porque están orientados a ofrecer espectáculo pura sangre de rock'n'roll, a plena potencia del sonido eléctrico. La voz de Sabina entonces tiene que escalar una montaña de watios y algunas de sus estrofas se le quedan a medio pronunciar con tal de no perder el ritmo. De todas formas, sabe que tiene que ganar para la república de sus versos a un público mucho más instintivo que cerebral y, sobre todo, con ganas de bailar; por eso trata al menos de ser absolutamente explícito en sus estribillos. Muy lejos quedan ya sus cánticos y chequeos de conciencia de clase de *Inventario*. Por esa época asegura que no se va a comer más el coco. Ni éxtasis, ni retóricas, ni ambigüedades sentimentales le valen para hacerse entender por su nuevo segmento de público en el lenguaje del ritmo. Un público juvenil, universitario y de barrio que no forma feligresía, que más bien peregrina de concierto en concierto buscando los decibelios y que en casa mueve el dial del radio-cassette constantemente buscando las canciones con marcha. Pero a pesar de que Joaquín danza con histrionismo en el escenario, demostrando que está en plena forma, no es un títere. No se va a prestar a ciertos manejos ni va a negociar, mediante *top secret,* con ciertas emisoras de radio para que aúpen sus elepés y sencillos en sus ficticias listas de éxitos y superventas. De cierto episodio donde nunca llegó a cerrar el trato con un apretón de manos arranca la historia más reciente de Joaquín Sabina, alguien que nunca quiso ser una estrella.

## IX. EL PEAJE DE LA AUTOPISTA

*Basta con que sepas que la señora fortuna*
*pueda sonreír mostrando su dentadura postiza.*
Sarah dos Pazos

La revista Popular-1 destaca del Lp "Pisa el acelerador", "Por el túnel" y "Juana la loca". En el UHF de RTVE, el programa "Entre dos luces" dedica un espacio a los "trovadores sin ira" con un monográfico sobre Joaquín Sabina y su grupo. Para Agustín Sánchez Vidal, del *Diario de Aragón,* el cantautor converso al rock "rinde tributo al muy hispánico fenómeno de las asignaturas pendientes", pero no ha olvidado que la canción urbana es deudora tanto del folk-song de Dylan y la chanson de Brel como del cuplé y del tango. Y es que cuando Sabina empieza a ser tenido en cuenta por los disjockeys de radio especializados en la selección de músicas con caña, es capaz de declarar con el corazón en la mano que le gustaría grabar un disco con boleros y pasodobles evolucionados. Que no quiere que ningún ritmo le sea totalmente ajeno. Y tanto colabora en el recital-tertulia que Pi de la Serra organiza en un antiguo cafetín de Barcelona ("Els dijous de Quico Pi de la Serra"), como actúa en el maratón de música que Radio Tres patrocina en el Palacio de los Deportes de Madrid, como participa en los discos de Topo, Hilario Camacho, Miguel Ríos y Juan Antonio Muriel, como compone una canción para la voz de Ana Belén en el trayecto de un taxi. La crítica se propone saber de qué lado está, porque tiene la extraña virtud de convocar a un público cada vez más heterogéneo. En opinión de Diego A. Manrique, Joaquín Sabina ha ocupado un espacio inédito a medio camino entre los cantautores aguitarrados y los rockeros de cuero negro. Para Álvaro Feito, en cambio, cuando J. Sabina electrifica sus temas no es sino uno más entre tantos. Por su parte, el aludido manifiesta estar interesado en lo que pueden dar de sí los grupos de la movida como Radio Futura o Golpes Bajos y es consciente de haberse distanciado de gentes como Hilario Camacho o Javier Krahe, con los que compartió una onda. En 1984 ya ha cambiado definitivamente la última estrofa de "Pongamos que hablo de Madrid" por considerarla "barata y demagógica" y algunos afirman que su canción urbana, contemporánea de la de Bruce Springsteen y Jackson Browne, empieza a crear escuela con Noel Soto y Juan Antonio Muriel.

A pesar de que Joaquín no cosecha más que críticas favorables y generosos espacios de entrevistas en la prensa, incluso del entusiasmo que despierta en sus conciertos, ni los empresarios ni las comisiones de festejos de los Ayuntamientos importantes se arriesgan a acomodar para él solo un polideportivo. Tal vez esperan que esta vez su cambio de imagen sea serio y que se afiance más con el rodaje su poder de convocatoria; o bien esperan que la CBS se decida a invertir en lanzarle. Entretanto, el cantautor reconvertido actúa en la plaza vieja de Vallecas por las fiestas del Valle del Kas y por tercera o cuarta vez en el Teatro Principal de Zaragoza, haciendo temblar su arquitectura con un hito rock sin precedentes. De todas formas, Matías Uribe, desde su columna en *El Heraldo de Aragón*, comenta su sonido de lujo y su humor cáustico, pero asimismo su poesía acústica. Porque Sabina ha querido dejar contenta a la parroquia maña, por la que siente especial predilección. Ha cantado también sus temas acústicos de *Malas compañías*, "Princesa" y, para quienes venían al recital de un folk-singer, ha estrenado algún tema nuevo y su armónica en esta misma línea. Y ha interpretado "Don Andrés octogenario", de Javier Krahe, y versionado "Qualsevol nit pot sortir el sol", de Sisa, en consideración a los amantes de la canción satírica. En fin, según el panegírico de Matías Uribe, ha sido "un testimonio liberalizador de la canción (la popular) aún rodeada por altos muros de piedra", con el espíritu del Dylan ácido de Bringing it all Back Home. Pero que Joaquín Sabina sabe mostrarse provocador y atrevido sin estar flanqueado por un escuadrón de músicos con garra, lo muestra la lengua larga con que hace declaraciones a los periodistas. En concreto, Santy Erice, del diario *Pueblo*, destaca a grandes titulares su deseo de que se mueran Reagan y Andropov y recoge su opinión sobre las casas de discos: "Yo creo que ellos saben vender chorizos y nosotros escribir canciones. Entonces es muy difícil ponerse de acuerdo un escritor de canciones con un vendedor de chorizos". Con esa suficiencia que da mantener el espejo del alma oculto tras unas gafas Ray-ban posmodernas, a otro periodista intenta convencer de que lo mejor es quemarse rápida e intensamente (luego, que le quiten a uno lo bailao), de que ni las mujeres ni la política valen un quebradero de cabeza. "Sepan los que dicen que Madrid no tiene historia y al menos todavía nos queda –quedaba- un alcalde neoclásico que profesa virtudes del XVIII y un cantautor barroco que nos canta los vicios del XVII con ese ingenio personal que crían el pesimismo y el desamparo". Quien así había intentado consagrarle se ve desmentido cuando Joaquín dice que sus canciones se inspiran realmente en una ciudad imaginaria, que no retratan solo las movidas de Madrid, sino que rescatan escenas de su época de vivalavirgen, de *squatter* en Londres, donde convivió con la marginación internacional. "Soy mejor fumador que cantante", le confiesa al crítico Diego A. Manrique.

A todo esto, va a ser invitado por el presidente del Gobierno a una copa en el palacio de la Moncloa, con motivos de no sé qué recepción de artistas... Y es que Sabina, a pesar de los pesares, sigue siendo un tipo accesible y cortés, no ha cometido la torpeza de perder los modales como un *enfant terrible*. En poco tiempo las entrevistas concedidas a los medios de comunicación se han multiplicado ¿A qué se debe este incremento de su popularidad? Pues a que cada martes desde finales de 1983, se asoma a la tele para hacerle coplas a la actualidad en un nuevo programa de Tola, "Si yo fuera presidente". En la tarea se ha reunido otra vez con Javier Krahe y Alberto Pérez, pero sin el ánimo de recuperar el show de La Mandrágora. Tola es un amigo, y por eso compone letrillas de gaceta para su programa que no compondría si otro se las pidiera para el suyo. En televisión, además, siguen respetando su condición de no cantar en play-back, con lo que se arriesga a todo defecto de sonido, pero gana en frescura. Sigue sin pelos en la lengua y esta vez declara a la revista *Tiempo* que no se puede cantar en RTVE una copla que diga:

> *El gobierno, si yo fuera Presidente,*
> *no dudaría tanto en hincarle el diente*
> *al ruido de sables que hay cada vez*
> *que se cruzan los cables del coronel.*

Los puntos sobre las íes. Todavía los gracejos sobre el sacro estamento militar no pueden correr más que de boca en boca. Y Lola Canales le reclama para su sección de "Diálogos locos" (con locos) antes de que nadie tome en cuenta sus inconveniencias:

-Me pregunta mi suegra por qué saltas cuando cantas.

-En realidad, lo que yo sé es saltar, lo de la canción es para ilustrar.

-¿Has perdido muchos amigos desde que estás en el programa?

-Sí, pero es lo mismo que con los yernos, se pierde un amigo, pero se gana un enemigo.

-¿Una Kawasaki o un Porsche?

-No, no, yo sigo con el españolísimo patinete con sidecar.

-¿Te han contratado en Las Vegas después de tus grandes éxitos?

*Lleno en el Parque de Cabestreros de Lavapiés por las fiestas de la Paloma.*

-Pero ¡qué ordinariez! Las Vegas ya no se llevan. Esta temporada de otoño vuelve Alcorcón.

En marzo de 1984 vuelve Sabina a estrenar una temporada más de actuaciones con su concurso en el acto que la Asociación para la Música Popular organiza en el Alcalá Palace de Madrid. Con el denominador común de *Cantar en Madrid* se reúne allí una fauna de cantautores de todos los pelajes; puras razas y mestizos, y se organiza un macroconcierto en el que la animación de Sabina destaca a juicio del mismísimo Álvaro Feito. La revelación todavía la constituye el sonido cada vez más impecable de su banda, que ya responde al nombre de Viceversa. No sin cierta picardía, Joaquín tenía discurrido el patronímico esperando para hacerlo público a ver consolidada la banda que había de lucirlo. Por las fiestas de San Isidro, también en Madrid, se produce una de las actuaciones claves de Joaquín Sabina y Viceversa, porque en ella logran una audiencia de 100.000 espectadores. Núcleo jamás soñado por el juglar que más de una vez había manifestado conformarse con hacerse oír por cuarenta espectadores en vivo y grabar un solo disco. El área del paseo de Camoens está repleto merced al ininterrumpido programa de música que el Ayuntamiento está ofreciendo. Y ellos consiguen conectar. El rock'n'roll de *Ruleta rusa* llega hasta los confines del parque a través de los competentes equipos de sonido y hasta sus baladas consiguen estremecer y mantienen en vilo el desmadre del personal. Como en los tiempos de la canción política, los mecheros se encienden al escucharse "Caballo de cartón", y baten las palmas con "Juana la loca". Sabina canta en cuclillas, se agita, brinca, zapatea, festeja la carpa, se calcula que recorre kilómetros de un lado a otro y, después de desgañitarse y salir de escena, vuelve para repetir "Pisa el acelerador". Era ya mucho pedir, como pretendía el crítico de *El País*, que además la gente reflexionara sobre la marcha sus canciones. Sabina había dado la talla y la razón estaba de su parte cuando manifestaba: "El directo es lo único importante. El disco es sólo un instante de la vida creativa del músico". Él había creado espectáculo *in sito* y, no obstante, sus canciones estaban editadas para quien quisiera escucharlas en reposo y aprendérselas. Para que el público se identificara con la manera de sentir de uno sobraban bastantes palabras y nunca eran bastantes los ritmos y las vibraciones. Lo importante era pasarlo bien todos juntos.

El 26 de junio llega Dylan a Madrid como para amonestarlo por estos pensamientos resbaladizos, si es que realmente los tuvo y no se los he supuesto yo. Por ese camino se llegaba a reivindicar el rock'n'roll dudúa duduá del espantapájaros. Dylan, el maestro, ya había demostrado que se podían decir cosas inteligentes con el lenguaje de la guitarra eléctrica. Todo un descubrimiento en su día para Sabina, según queda dicho páginas atrás. El discípulo tiene la ocasión de anunciar el concierto del maestro con un artículo en *Diario 16* y no la desaprovecha. Tanto le debe. Se recrea en las diferentes etapas de su vida y obra, se felicita de que no haya tenido que morir de una sobredosis, como algún morboso hubiera deseado, para alcanzar la leyenda en vida. Le felicita por las concesiones que siempre negó al público, a la industria y a la moda, y resalta sus cualidades de líder, astuto y creador; que nadie cometa el error de pedirle las respuestas que siguen flotando en el viento. El artículo es una profesión de fe, que no se extiende en detalles sobre la vinculación casi pasional que Sabina ha sentido y siente por Dylan. Justo al día siguiente del concierto, que a él le pareció maravilloso y a mí solo discreto, le vio pasar por delante de la barbería donde se estaba cortando el pelo. No se lo podía creer. Era como si hubiera visto a Dios bajado del cielo y cierta expectación en la calle se lo confirmaba. Salió a la calle. Dylan había entrado a comprar ropa a una *boutique* de la calle Almirante y, cuando volvió con su acompañante al lugar donde había aparcado el coche, lo tuvo a un metro de distancia.

-¿Has comprado ya las botas de cuero español?

Joaquín había pensado ya de qué manera podía saludarle (con esta alusión al título de una de sus canciones) y su última intención era la de ofrecerle la chaqueta que llevaba por su sombrero, pero no se atrevió a despegar los labios. Estaba impresentable, con el pelo empapado, un babero azul que le había puesto el barbero hasta los pies, y despedía tufo de masaje. Perdió, pues, su ocasión de oro. Realmente ha tenido mala suerte Joaquín a la hora de conocer en persona a sus ídolos musicales. Cuando por mediación de Paco Ibáñez, él y Javier Krahe albergaban serios proyectos de visitar a Brassens, el cantante satírico francés se les vino a morir de cáncer.

Por las mismas fechas que Dylan, llega también B.B. King a España, y en esta oportunidad es un diario de Granada el que cede a Joaquín una página para que renueve sus votos por el blues. Su crónica gira en torno al trance que desde el escenario es capaz de transmitir B.B. King con sus sentimientos de negro.

La gira veraniega le pone en ruta y todo parece indicar que, cuando finalice, habrá superado el cerca de medio centenar de actuaciones que ofreció en 1983. El total de galas que tiene comprometidas en tres meses es de treinta. En el puerto de Santa María canta junto a Javier Rubial, un joven compositor al que considera estupendo y al que ayuda a promocionar. En Jaén sus paisanos le exigen que demuestre de alguna manera que sigue siendo andaluz. Pasa también por Córdoba y Granada y se encamina al norte haciendo escala en Castilla. En el cuartel del Conde Duque, en Madrid, figuró en programa junto a Hilario Camacho, con quien proyecta un disco en directo. Y a las fiestas de su barrio de Lavapiés no puede faltar. En fin, como el roquero Miguel Ríos, Sabina vive en la carretera el "blues del autobús". Paralelamente, ha aparecido a lo largo del año en el plató de dos programas de televisión (en "Y sin embargo te quiero" y en "La tarde" que presentaba Pepe Navarro), ha grabado con Gloria de *Vainica Doble* la sintonía de otro, "Con las manos en la masa", y ha participado en el rodaje de la vida de "Tolito", que "Vivir cada día" emite, aparte de componer su banda sonora. Esta es la experiencia más interesante, puesto que le pone en contacto con un comediante de la lengua, con un caballero andante que profesa "el arte de ir rodando de feria en feria". "Tolito el mago" representa la grandeza y la miseria del artista ambulante. Criado en el hábitat rural del desaparecido pueblo de Vallecas y huérfano de una carpa de circo, ahora vagabundea con una dignidad poco común. Viaja en vagones de segunda clase, duerme en pensiones de tercera y sigue bebiendo, a pesar de su cirrosis, en barras de bar de cuarta. Joaquín Sabina en funciones de juglar rastrea sus andanzas y desde la cuneta y los andenes relata su historia agridulce, debatiéndose entre reclamarle para el mundo feliz de los personajes de ficción o considerarle un artífice del secreto arte de vivir.

Aparece en el mercado el maxi single de "Telespañolito" y pega más fuerte de lo que Sabina podía prever. La letra la había escrito a medias con Javier Krahe y en los arreglos se bastó con la música de su grupo. más Javier Iturralde con el metal. Para los coros eligió a Pilar Carbajo, Olga Román y Juan Antonio Muriel, y suya fue también la producción. A la CBS no la dejó más margen que el de la edición y comercialización del plástico. Estaba claro que las relaciones del cantante con su sello no eran las ideales y entonces surge la oferta de Ariola. El acuerdo al que llega con su nueva casa discográfica le parece satisfactorio: gozará de la libertad de poder grabar lo que quiera con la condición de no poder exigir el mismo lanzamiento del que gozan otros artistas. El menoscabo no le es tanto, porque coincide con un alto en el camino al que se obliga Joaquín. Se da cuenta de que con *Ruleta rusa* había querido demostrar al mundo que era joven y que conectaba con la movida, que era capaz de hacer un espectáculo de rock'n'roll y de saltar en el escenario... No volverá a ocurrir con el nuevo disco que saque. El error no estuvo en hacer rock'n'roll, que es una música honesta, sino en tratar de probar con ello una evolución de garantía. Su siguiente entrega al mercado no va a demostrar sino que es capaz de seguir componiendo y por eso muy bien podría titularla *Primera persona del singular* o, mejor, *No son más que canciones*. El quinto Lp de Sabina se llamará, sin embargo, *Juez y parte*, estará firmado también por Viceversa y, a pesar de todo, verificará algo importante: que el compositor urbano

*Sabina pide la participación del público. Pancho Varona puntea, Noel Soto agita la pandereta y Pilar Carbajo sujeta el micro.*

ha dado con un estilo propio al margen de los modismos y las imitaciones. Quienes esperaban un sonido todavía más fuerte y endurecido en *Juez y parte* comprenderán tal vez más adelante que la virtud de Joaquín Sabina, inaudita en otros creadores, es la de no repetirse.

Antes de encerrarse con Viceversa en los estudios de sonido, le será de provecho cerrar el año 1984 con una actuación en el programa de Nochevieja, se editará en un single la canción que compuso para la película *Dos mejor que uno* y aceptará seguir colaborando con Tola en su segundo serial de "Si yo fuera presidente", que se emite en 1985.

En un cuestionario respondido para el diario *Liberación*, Joaquín se lamentaba de cómo pretendiendo ser "lúdico" acaba componiendo canciones tristes, y de cómo le resultaba difícil retratar en ellas con la frialdad de una cámara fotográfica lo que ve en la calle. Lo cierto es que, mientras en los escenarios había estado cantando rock'n'roll, en los cuartos de hotel, donde componía, sólo acertaba con baladas intimistas. Y al plantearse qué tipo de canciones incluir en el nuevo álbum, decide no forzar su inspiración y reflejar de alguna forma el balance de los últimos años de peripecias que ahora revisa. En Viceversa ha causado baja la guitarra del veterano Antonio Sánchez, que ahora busca su propio camino, pero la incorporación de la de Manolo Rodríguez no crea problemas de entendimiento. El sonido del grupo ha madurado del todo y su formación parece consolidada: Pancho Varona a las guitarras acústicas y eléctricas, Manolo Rodríguez también a la eléctrica, Javier Martínez al bajo, Paco Beneyto a la batería y Pilar Carbajo a los coros. En esta confianza y con el fruto de varios meses de ensayo, se concentran para grabar en quince días. Los Rolling Stones suelen llegar al estudio sin maqueta alguna y después de ocho meses su disco está pulcramente acabado, pero Joaquín debe llevar las ideas muy claras si quiere conseguir en medio mes una buena producción. Joaquín Sabina empieza a conocer mejor las posibilidades que ofrece una mesa de mezclas y el maquillaje con que puede reconvertir una canción. Pero su intención es la de lograr para el disco el sonido que consiguen en directo. Prescinde, pues, de los arreglos y, sabiendo bien de qué manera pretende queden enriquecidos ciertos temas, llama a músicos amigos: a un virtuoso del saxo y el clarinete como es Andreas Prittwitz, al ingeniero Jesús Gómez, al trompeta Steve Frankewich y a Javier López de Guereña que pasaba por allí. Con ellos, que no van de divos, no se repetirán las salidas de tono que perjudicaron la grabación de *Ruleta rusa*. Se superan los altibajos de sonido también y los componentes de Viceversa aportan al disco tres de las diez músicas originales.

Posiblemente los temas de *Juez y parte* sean más impactantes que los de *Ruleta rusa* y, como ellos, pequen a veces de querer contar demasiado a pesar de hacerlo bien. Podría discutirse también si algunos de ellos, "Kung fu", "Joven aprendiz", o "Princesa" no son como "Pongamos que hablo de Madrid", "Qué demasiado" o "Calle Melancolía", canciones matemáticamente perfectas. Pero si hacemos tabla rasa, el arte final de *Juez y parte* significa un proceso de sonido. Este álbum da la talla de obra completa y equilibrada que no daban los anteriores, y esto lo aprecian los críticos. Por otra parte apela a cierto concepto de la honestidad de Joaquín Sabina, que tiene que ver con la reivindicación del derecho a ofrecer la propia imagen. No en vano, su fotografía de portada la confía a su amigo Carlos Bullejos, que le conoce y sabe adaptar el gesto conveniente y la suficiencia justa con la que debe posar en este momento de su carrera artística. En segundo plano quedan los instrumentos de labor, la máquina de escribir y la guitarra.

Las canciones del Lp tienen algo que ver con la vista de una causa. Las firma un juez que no dicta sentencia (como en el caso de "Kung fu", "Ciudadano cero" o "Tolito"), la parte implicada (como en "Cuando era más joven" o "Incompatibilidad de caracteres", que son temas autobiográficos) o bien Sabina toma en ellas voz y voto (que es lo que ocurre en "Princesa"). "Güisqui sin soda (sexo sin boda)" es un pieza pop, cuya música compone Hilario Camacho para que Joaquín cante sus aprensiones y, en primera persona, sobre sus gustos y aficiones de libertino. Ha relegado el aire siniestro del "Manual para héroes o canallas" en el tratamiento de la estética del indomable, porque ahora le hace evolucionar hacia el talante epicúreo. Cobra así relieve el cinismo y buena dosis de comedia, y no hay que decir, de todas formas, que el lujo con que se expresa Sabina en primera persona tiene bastante de ficticio. Donde sí pretende contar sobre su vida el cantautor es en el siguiente corte del álbum. En "Cuando era más joven" cabalga la guitarra country y vuelve sobre los pasos del vagabundo y pícaro que fue en su mocedad. Inevitablemente los convierte en legendarios y, a pesar de ello, conservan encanto y frescura y, lo que es más importante, la anécdota. Joaquín no inventa nada sobre su pasado y la verdad es que ir más allá, escribir una canción que resumiera sus andanzas prefiriendo la paja al grano y el disparate a la aventura, era difícil de hacer. Por eso, las vivencias que se relatan en "Cuando era más joven" correrán el riesgo de ser interpretadas por más de uno como tópicos de una generación. Al final Joaquín raya la añoranza del paraíso perdido:

> *Hoy como caliente, pago mis impuestos, tengo pasaporte,*
> *pero algunas veces pierdo el apetito y no puedo dormir*
> *y sueño que viajo en uno de sus trenes que iban hacia el*
> *[norte...*
> *Cuando era más joven, la vida era dura, distinta y feliz.*

Luego tiene de nuevo su turno el recorte de acordes a cargo de Manolo Rodríguez, para subrayar los últimos versículos de Joaquín y disolver los últimos ecos de épica. Alguien halló que en ella había resonancias de Eladio Cabañero y Gil de Biedma y, desde luego, eligió el camino más largo para disponerse a escucharla.

Entre las canciones con las que ha buceado en la marginación tal vez haya sido la dedicada al "Ciudadano cero" la que ha tocado más fondo. Por regla general, Joaquín había visto el hombre de la calle al cómplice del orden establecido, al peatón que respetaba los pasos de cebra, al defensor de la propiedad privada y al ser alienado por antonomasia. No había reparado en que los transeúntes trajeados también esconden a los pobres diablos y a los seres anónimos que no levantan sospechas. La historia del "Ciudadano cero" es la del antihéroe que no alcanza siquiera el rango de perdedor, porque le han negado hasta la posibilidad de jugar a creerse alguien. Un día reacciona contra pronóstico y acribilla a diestro y siniestro desde la ventana de su cuarto de hotel, con el arma que premeditadamente había guardado para la ocasión. Su decisión ha sido madurada con la frialdad de un psicópata y, a sabiendas de que saldrá en las primeras páginas de los diarios, se viste de gala la mañana de su crimen. Aquí acaba la acción y Joaquín reconstruye los hechos en *flash-back* con el preciso lenguaje del cine y la novela negra. La recompensa para el ciudadano cero, como para el Jaro, es mínima: la razón de existir y de haber existido respectivamente en la memoria ajena y en virtud de una mención en los *mass media*. Para tanto escalofrío Joaquín no necesitaba más que un mínimo respaldo musical en tono elegíaco, con el que acierta Pancho Varona.

"El joven aprendiz de pintor" es el cuarto tema del álbum y el tercero de los cinco para los que Joaquín encuentra en su guitarra una composición melódica convincente. Y, dado que él no tiene formación de conservatorio, son sus músicos los que aportan los estudios de armonía que requiere. El tema está cuidado instrumentalmente, pero, sobre todo, su texto rezuma ironía. Ha llegado el momento de ajustar cuentas con todos aquellos que cuando comenzaba le negaron el apoyo y ahora es tarde para aceptar sus rectificaciones. Su reproche también se extiende a quienes se defraudaron, cuando por fin pudo cantar para ciertas mayorías, pero con ellos está dispuesto a discutir razones.

> *Y qué decir del crítico que indignado me acusa*
> *de jugar demasiado a la Ruleta Rusa.*
> *Si no hubiera arriesgado tal vez me acusaría*
> *de quedarme colgado en calle Melancolía.*

No cabe duda de que literariamente es una de las canciones más logradas del álbum por la fuerte dosis de imaginación con que está hecha. Sabina se temió, después de escribirla, que el público no llegara a desentrañar el sentido de su ironía y las caricaturas de que se vale.

Cerrando la cara A, "Rebajas de enero", que es una apología del amor discreto. Con las cajas de ritmos, bajo la batuta de Jesús Gómez, la trompeta de Steve Frankewich y una maqueta musical ideada por el bajista de Viceversa, este último corte gana en animación con respecto a los anteriores. Más optimista, Joaquín canta a la pareja feliz contra su costumbre y deja emociones fuertes para otra ocasión. El quid, por supuesto, está en los ingredientes que hacen posible el entendimiento entre los seres desangelados. Nos queda la incógnita de saber si, dedicado a su mujer, Lucía, "Rebajas de enero" trae consigo algún reconocimiento. En la carpeta del disco Joaquín matiza: "Por el azúcar y la sal de todos estos años". Y en la dedicatoria también se acuerda de su gata latina (¿?). El estribillo es lo que hace de "Rebajas de enero" un tema pegadizo.

Las páginas de sucesos de los diarios vuelven a considerar el contragolpe de la delincuencia juvenil y Joaquín Sabina se hace cargo de una nueva crónica del suburbio. Esta vez, sin embargo, lleva consigo la objetividad del tomavistas propio de un cineasta neorrealista italiano. El nuevo cabecilla del lumpen es un tipo mucho más duro que el Jaro y no tiene el atractivo del llanero solitario, porque guarda sus espaldas con camorristas. De todas formas, mientras las cosas estén cómo están, será comprensible que sigan buscando bronca en la ciudad y desvalijando. Sus colegas les vengarán si caen, jurando la misma ley de la navaja. Quien no sepa aún qué motivos ajenos a la malcrianza hacen que se perpetúe la delincuencia, es que carece de sentido común. "Kung Fu" es un tema épico y crudo, que en la voz de Sabina suena a desafío. Presenta una estructura narrativa renovada y acierta con una atmósfera de tensión que no recurre a la secuencia del estribillo, sino que se gana a pulso de estrofas. A continuación, la "balada de Tolito", que a pesar de ser recreada con la distancia del juglar, está cargada de afecto. La melodía sostenida fue compuesta por Antonio Sánchez y Pancho Varona y en ella engasta Sabina versos de poema mejor que rimas de canción. Ya hemos comentado la peripecia que vive el Tolito y se puede decir que, a través del homenaje que le rinde esta canción, su épica cobra timbres líricos.

"Incompatibilidad de caracteres" es una cláusula demasiado incómoda para servirse de ella en una canción con estribillo y, sin embargo, Joaquín se empeña en ajustarla a costa de malabares. Este corte del Lp nos pone al corriente de sus desarreglos de matrimonio, que a ritmo de twist parecen mucho más llevaderos. La estrategia es hacer de las desavenencias un guión de esperpento para poder airearlas y, a la vez, no comprometer demasiado su intimidad frente a los oyentes. Si te paras a pensarlo, "Incompatibilidad de caracteres" parece sonar en la sintonía de uno de esos cortometrajes mudos de Buster Keaton o Charles Chaplin, donde los personajes se tiraban los trastos a la cabeza y el narrador comentaba de manera desenfadada sus riñas. Lo justo sería escuchar también por boca de Lucía, al otro lado de las trincheras, su valoración de la convivencia, pero aquí me estoy ocupando solamente de glosar las canciones de Sabina y lo que hay que decir es que en esta se preocupa de salvar su propio pellejo. En 1985 Joaquín cambiaba de domicilio. Abandonaba el piso de la calle Tabernillas que se le había llenado de presagios y recuerdos inconvenientes y se decidía a amueblar otro piso adquirido en la calle Santa Isabel. De camino, sin embargo, se detuvo a intentar de nuevo la convivencia en la buhardilla de Atocha que Lucía había alquilado por su cuenta al separarse y cuando estuvo amueblado su nuevo piso en Lavapiés coincidió que la relación entre ambos empezaba de nuevo a deteriorarse. Esta vez, al que le tocó hacer las maletas fue a Joaquín. Es curioso cómo la gente se divierte en concierto coreando "Incompatibilidad de caracteres"… "Princesa" fue la última balada que en este último disco recuperaba, después de que la hubiera estado cantando durante bastante tiempo Juan Antonio Muriel, el artífice de su melodía. En relación al resto de los temas destaca su falta de aderezos y de acompañamientos instrumentales, como si Joaquín hubiera querido crear cierto vacío en el estado de ánimo de la balada. Aquí cuadra que su timbre de voz quede algo desasistido y lejano. La historia que narra no puede dejar de inspirarse en cierto romanticismo callejero, pero no quiere ser esteticista. Habrá quien se crea muy sensible porque tiene la capacidad de emocionarse con la degradación de alguien, pero Joaquín,

*"Todos eran mis hijos"(Arthur Miller).*

por su parte, lo evita. En esta canción no se nombra la tragedia, ni hay motivo para compadecerse de nada. Joaquín tiene que hacer algún reproche y lo hace. La interpretación de una bella balada como "Princesa" es lenta, muy lenta, pero en ningún caso almibarada. Los amores platónicos se desvirtúan y requieren a Joaquín a destiempo, por eso en la última pieza del álbum se desentiende de ceremoniales y formula una proposición directa y sin rodeo a su circunstancial amiga: "Quédate a dormir". Lo más atractivo de la pieza es su vena de jazz en la que colabora la sección del viento de la virtuosa canal Street Jaz Band.

"Güisqui sin soda (sexo sin boda)", "Rebajas de enero" e "Incompatibilidad de caracteres" fueron las tres caras A de singles que se editaron, con tres caras B, en mi opinión, de superior calidad: "Princesa", "Cuando era más joven" y "Quédate a dormir". *Juez y Parte* apareció en el mercado y, a las pocas semanas, se estableció con una regularidad de ventas similar a la mantenida por *Malas Compañías* cinco años atrás. Tal vez quien va a comprar un Lp de Sabina no suele tener en cuenta su actualidad, o sea, que sus discos tienen ese conservante de calidad que no caduca. Pero entonces vuelve a aparecer en catálogo *Inventario* y uno corre el riesgo de que le den gato por liebre. *Inventario* se ha ido sirviendo a las tiendas en pequeñas remesas para surtir a coleccionistas lo cual ha evitado que se echara a perder su edición. El fraude y la cara dura del sello que lo comercializó ha sido presentarlo más de una vez como novedad. Joaquín Sabina rebasa con cierta celeridad la cifra de veinte mil copias vendidas (con lo que puede cantar en directo las canciones de *Juez y parte* sin mayores responsabilidades), hace tiempo que disfruta del oficio con holgura, la relación amistosa con sus músicos es la ideal, tiene tiempo para escribir canciones y solo un detalle le impide considerarse un tipo con suerte: el deterioro progresivo de su vida privada. Durante los tres últimos capítulos la he obviado y es porque también Joaquín lo había hecho, condensando toda su energía en los gajes del oficio. Ahora la estrecha compenetración con sus músicos, con su trabajo, le permite ahorrar esfuerzos. Sigue haciendo la vida social del artista a pesar de algunos compromisos cargantes y de bastantes excusas, pero probablemente le encuentra una afición nunca presentida a la soledad -¿la disfruta o la padece?-. Hace tiempo que no convive más que de forma circunstancial con Lucía y se dice que su fracaso en la pareja, además de haber sido un santo y seña de generación, ha tenido que ver con la dedicación exclusiva que le ha requerido su profesión. Empieza a llenar de significaciones figuradas ese encuentro que una madrugada va a tener en cualquier bar. Es como si Joaquín Sabina-personaje empezara a ser el prototipo de una canción de Joaquín Sabina-autor. Tal vez el comentario de Antonio Gómez en *El País*, en septiembre de 1985, sobre los contenidos de *Juez y Parte* le revelará algo que había intuido, pero no formulado. Para Antonio Gómez, al cantar sobre solitarios francotiradores, delincuentes juveniles o destronadas reinas de la noche, en realidad se estaba refiriendo a la vieja cuestión de cómo afrontar con dignidad la vida, el amor, los celos, la amistad y la traición; se estaba refiriendo sin prejuicios a la problemática moral de cómo ser fieles al propio código de conducta en un mundo en permanente crisis de valores. Pero uno no tiene otra alternativa que elaborar su confusión artísticamente, si quiere salir a flote, mientras espera esa solución mágica que tiene toda vicisitud. Y en esas Joaquín hace vida de escenario y bebe de la fuente de la satisfacción. Su participación en las fiestas de San Isidro ha puesto el espaldarazo a las canciones de *Juez y Parte*. El dato es que la gente se ha interesado por las canciones en que habla de sí mismo y que ha seguido disfrutando con todo su espectáculo. El público no ha notado, como Álvaro Feito, ese tono exculpatorio en sus canciones biográficas, o simplemente no se ha preocupado de indagarlo. Su crítico más enconado, Álvaro Feito, también parecía echar en falta la evolución del realismo social y coyuntural de sus temas, pero, a juicio de otros, ya es bastante con que el cantautor nos recuerde que el mundo viaja a más velocidad que nuestros propios deseos.

Participa Joaquín en las Mesas pro referéndum para la salida de la OTAN, y en las fiestas del PCE tiene ocasión de cantar con Georges Moustaki. Llega el verano y los compromisos de actuación que acepta le llevan de punta a punta del país. A las carpas de algunos pueblos y a los auditorios de algunas ciudades. Sabina sabe mantener en todo lugar la misma profesionalidad. Pasa por Jaén, Lérida, Barcelona, León, Zaragoza, Bilbao, Santiago, Mallorca… La lista es larga y la estancia en cada lugar es corta.

En el parque de Cabestreros, por los festejos de La Paloma, encandila a los jóvenes de su barrio cantando a la ciudad. Por las fiestas del Pilar en Zaragoza da la razón, con un concierto espléndido, a quienes pensaban que ya traía el suficiente carisma como para llenar el Pabellón Municipal y no una carpa. En la feria de Jaén nadie silba, como en ocasiones anteriores, cuando suena "adulterada" la estrofa de "Pongamos que hablo de Madrid". En Santiago de Compostela, a finales del mes de julio, se junta con Javier Krahe en el programa y, sin pretenderlo, enmienda sus resonancias. Para el comentarista de *La Voz de Galicia*, la discretísima actuación de Krahe da paso a la "marcha" de Sabina que, además tiene la virtud de comunicar, de adivinar el sentir medio, de hacer ambiente y no decorado. La fiesta que organiza *Diario 16* y que incluye la actuación de Joaquín Sabina y Viceversa prevé un broche final en el que todos los artistas invitados se reúnen al "Bravo por la música" de Juan Pardo, pero él es de los que, con Serrat, se hace el loco. Y, como clausura de la temporada, el vuelo que en octubre le lleva a Mallorca. Allí toca en un concierto que patrocina la ONCE, a pesar de que los amplificadores de sonido fallan a cada momento. Hasta la fecha, sigue apoyando buena parte de su show en la caña de los temas fuertes de *Ruleta Rusa*, para conseguir la reacción inmediata de la concurrencia. Sabe que las canciones de *Juez y parte* no han calado todavía lo suficiente, pero no cree que vayan a pasar desapercibidas. Suele abrir su actuación con "Ocupen su localidad" y la cierra, después de salir y volver al ruedo ante las insistencias, con otra versión del mismo carrusel donde agradece al personal su estrecha participación.

El recuerdo de sus apariciones en televisión durante 1985 no sobrepasa el de 1984. Ha sido invitado a cantar en punto de encuentro, "Esto es lo que hay" (espacio del que además ha compuesto la sintonía) y "Viva la tarde" y ahora recibe el bien pagado encargo de escribir una canción que glose los tres años de televisión socialista para el programa especial de Nochevieja. Su estribillo tiene que rezar "Si te he visto no me acuerdo" y Joaquín empieza por buscar en su diccionario privado de rimas todas las palabras con final en –erdo (no le convence, por ejemplo, lerdo, que es una palabra malsonante). El día convenido, después de solicitar la prórroga, entrega un twist original, su variante instrumental *country* y hasta una variante disco con la que se divierte bastante en el estudio y, por si hace falta para rellenar lagunas, algo siempre socorrido: la melodía de la "Internacional" al sonido gutural de las guitarras eléctricas.

Tal vez haya corrido demasiado deprisa el año entre galas, ensayos, viajes de gira, actos de presencia en cócteles, citas con los medios de comunicación, negociaciones inevitables, días sagrados como minutos que ha reservado para él utillaje de canciones cada vez más perfeccionistas y crisis personales de las que a la gente solo debe importarle el enunciado. Contra viento y marea ha conservado en plena forma su sentido del humor y su facilidad innata para caricaturizar muchas cosas solemnes. Se ha demostrado a sí mismo una capacidad asombrosa de trabajo y tal vez sea la hora de encontrarle un horizonte despejado al embolado en el que se ha metido. Ha sido imposible en muchos casos ir de anónimo a tomar una copa.

Más proyectos a la vista: La puesta a punto de un libro que la Diputación de Granada editará con una colección de poemas que tenía escritos, la oferta que ha aceptado en Barcelona para estrenarse como autor principal en una película ambientada en los tugurios y su intención de carnavalizar de alguna manera el musical que hasta ahora ha venido ofreciendo, para lo cual, no está descartado que vuelva el escenario con Javier Krahe y una caja de sorpresas. De momento, sin embargo, se centra en la expectativa de grabar en doble álbum en vivo, en el que recogerá temas de sus cinco Lps anteriores y algunas novedades. Ni *Grandes Éxitos*, ni leches. Se titulará *Joaquín Sabina y Viceversa* y se grabará los días 14 y 15 de febrero en el teatro Salamanca de Madrid (dado que no se ha podido reservar con tiempo el Palacio de los Deportes de Goya). Entretanto, Joaquín pasa muchas semanas encerrado en un local de ensayo porque el reto es importante. El día señalado, las ganas de ver a Sabina y a Viceversa superaron con creces las posibilidades reales, porque las localidades se agotaron nada más ponerse a la venta y fueron muchos los que se quedaron a las puertas de un teatro abarrotado. Por otra parte, había bastantes butacas reservadas para *pibes* del ruedo del espectáculo e incluso de la política. La noche del estreno, Joaquín Sabina y Viceversa pudieron demostrar ante los primeros que eran buenos conocedores del oficio y, a pesar de ejecutar un correcto espectáculo, no se quedaron satisfechos. La chispa y la apoteosis vendría a la noche siguiente y, en buena medida, gracias a la acogida de un público mucho más profano y entusiasta. La verdad es que la noche del sábado hubo ilusionismo aparte de ilusión en escena. No pesaba la responsabilidad de cumplir ante las cámaras de RTVE, que les rodaron la noche del viernes. Sabina y sus músicos andaron más sueltos y establecieron una conexión especial con el auditorio. De un día para otro, el orden del repertorio y los recurrentes parlamentos de Sabina que introducían algunos temas fueron similares y estuvo asimismo calculado el salto a escena de los artistas invitados para la ocasión: Ricardo Solfa, Luis Eduardo Aute, Javier Krahe y Javier Gurruchaga. Joaquín Sabina se presentó ante su público con pantalón de cuero negro, camisa y corbatín a franjas blanquinegras y chaqueta roja, su guitarra acústica y una armónica acoplada. Nadie conocía el primer tema lento con el que arrancó, "Juegos de azar". Sin embargo, fue aplaudido porque recreaba un bello romance casi en estado de gestación, como recién tarareado por el compositor a la guitarra y por tanto muy fresco. Aguantó aún el tipo marcando los acordes del twist de "Incompatibilidad de caracteres" y, a mitad de sus estrofas, le flaquearon ya los músicos de Viceversa. Dejaba de hacer gala de sus aptitudes de folk-singer y pedía la estrecha participación del público a las palmas y a los coros. Parecía que se iba a desatar la "bella bestia" del rock'n'roll en escena y sonaron "Cuando era más joven" (precedida la canción por unas palabras de afecto hacia los trenes esos "animales mitológicos" en los que confio muchos años atrás el viaje a la tierra prometida), una composición inédita y dedicada a las aves femeninas que vuelan a ras de suelo, "Rebajas de enero" y esa hermosa balada que es "Princesa", aunque con un compás más corto que el acostumbrado. El colorido al concierto lo estaba dando la buena factura de los temas más que la constante rítmica por la que discurría, y, entonces, Joaquín aprovechó para presentar otras dos canciones no grabadas aún. Por una parte, su "Tratado de impaciencia número 11", un blues repescado de Inventario, con cadencias de jazz a cargo del saxo de Andreas Prittwitz. Por otra parte, "Hay mujeres", un tema abolerado, con partitura del maestro Armando Llamado, letra suya e interpretación del vocalista Ricardo Solfa, que supuestamente debuta en escena, aunque muchos identifiquen en su pelo ensortijado y sus gafas al poliédrico Sisa. El primer artista invitado ya ha salido a escena y alguien que le reconoce desde el anfiteatro le grita: "¡Pícaro!". A continuación otro peso pesado del blues, "Que demasiao", que empalma con "Juana la Loca", la canción donde, según Sabina, el tradicional don Juan pierde los papeles. Sigue "Doña Pura", otro estreno, y dos temas fuertes en los que Sabina deja a su aire a Viceversa en calidad de compositores e intérpretes: "Proposiciones es el primero y "Políglota" el segundo, en la voz de Javier Martínez y en la línea eléctrica del grupo.

Vuelve Sabina al micro, se recrea en "El joven aprendiz de pintor" e inaugura "Cómo decirte, cómo cantarte", un rockabilly que canta sentado (según parece en recuerdo de J. J. Cale) y en el que se pueden rastrear párrafos de una letra que escribió en Londres y que llevaba por título: "Sobre el turismo y otras formas de liberarse". Para entonar "Calle Melancolía" ya está Luis Eduardo Aute en escena (anunciado por una elogiosa presentación del anfitrión) y, concluida la balada, le dedica un poema musicado que Joaquín le agradece con otros tantos versos de réplica. Se abrazan y prosigue el show. "Güisqui sin soda" conecta rítmicamente con "Pasándolo bien" y, como por sorpresa, surge de entre bastidores Javier Krahe, tocado por una pluma de indio y bajo el seudónimo de "Cuervo ingenuo". En tanto Joaquín Sabina se ajusta en la cabeza otra pluma apache, se desarrolla un *sketch* típico de los tiempos de La Mandrágora y juntos canturrean casi a pelo el panfleto anti-Otan que Krahe ha compuesto con vista al acto por la salida de España de la Alianza al que el día 16, en el teatro Quevedo, van a acudir. El panfleto es genial y las cámaras de TV se desentienden de él cumpliendo órdenes expresas.

Joaquín Sabina lo incluye en su repertorio y se suma desde ese momento a la campaña antiatlantista que requiere la proximidad del Referendo. Bregará hasta el 12 de marzo como pocos artistas e intelectuales lo van a hacer y se arriesgará con ello a las posibles represalias que de instancias fantasmales le puedan sobrevenir. Peleará porque no se pierda también esta batalla histórica, la 1572 según sus cálculos…

Un popurrí salsero de estrofas de composiciones menores ("El hombre puso nombre a los animales", "Círculos viciosos", al que Ricardo Solfa aporta voces, "Telespañolito" y "Si te he visto no me acuerdo") devuelve el sabor *tutti-frutti* al espectáculo, y después Joaquín templa la voz al emplearse en una canción ya mítica como "Pongamos que hablo de Madrid", que ofrece al fallecido edil madrileño, don Enrique Tierno Galván, "alcalde ahora del cielo" en ella manda el soporte casi sinfónico que ponen los teclados y una armonía para saxo que Andrea Prittwitz ejecuta a la perfección. Se encienden los dichosos mecheros en las gradas, con lo que puede apreciarse en el rostro de Sabina la emoción. Pero Javier Gurruchaga

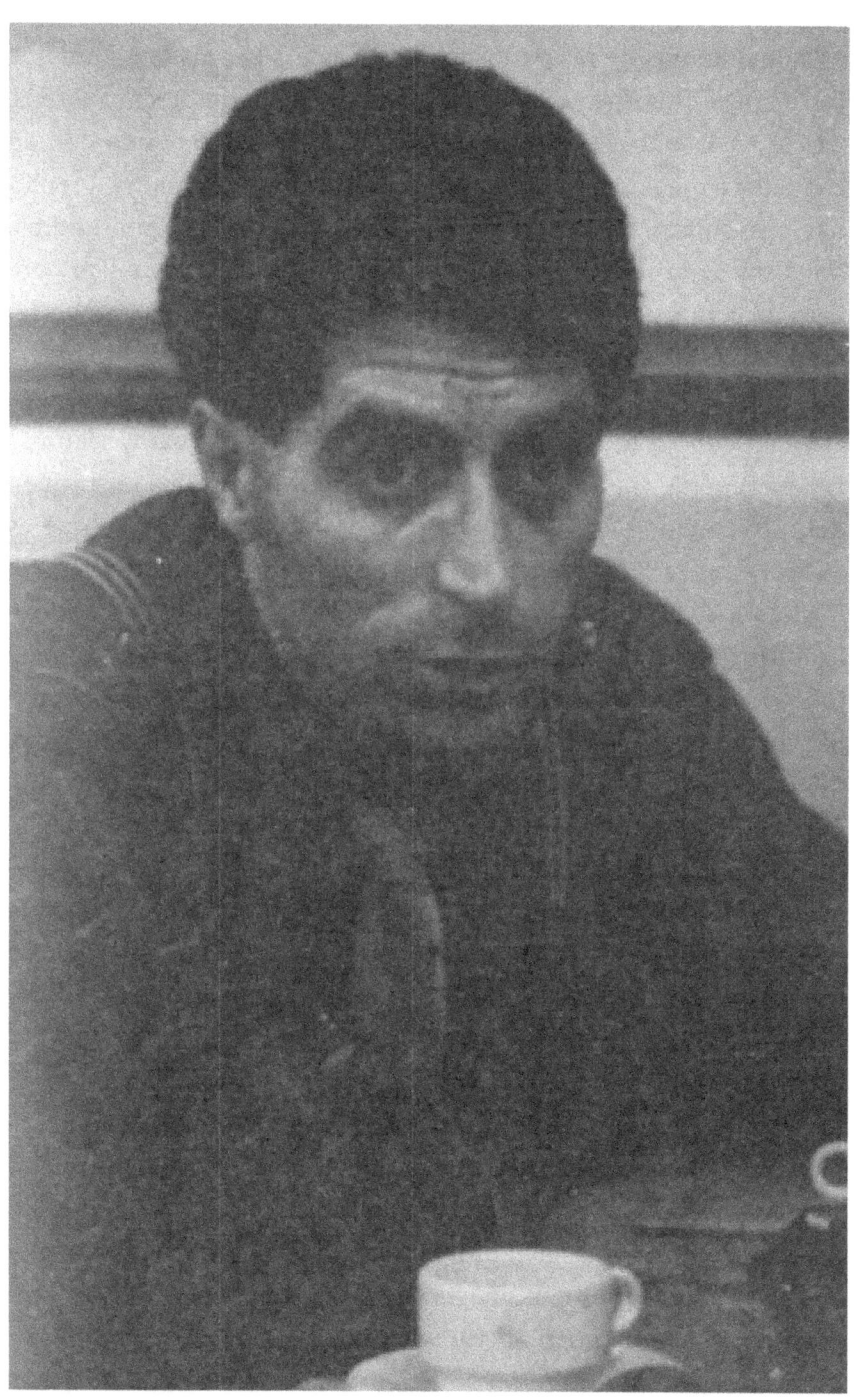
*Café con dos de azúcar y croissant. Atendiendo a una entrevista en un cafetín del Rastro Madrileño.*

no aguanta más detrás de los telones y sale a la palestra. Para que pueda pisar fuerte, Joaquín le ha asignado una letra procaz, "Adiós, adiós", a la que el líder de la Mondragón corresponde con su convulsiva manera de componer rock de orquesta. Su modo de entonar, gesticular y moverse en el escenario es la de un inconfundible *showman* y aún se queda unos minutos más ante el público para berrear, como sólo él sabe hacerlo, los responsos de "Pisa el acelerador". A estas alturas de concierto ya Sabina ha conseguido que la gente salga a bailar en el patio de butacas, momento en el que amaga con despedirse. Todos sabemos que es una falsa alarma y, según se espera, vuelve tras impacientar un poco. Los teclados sustituyen definitivamente a los violines en esa propuesta de lirismo que es "Caballo de cartón". "Kung fu" da la medida de lo que es un tema destinado a recargar baterías, y la fiesta acaba desbordándose cuando suena "Eh, Sabina" y Joaquín reclama el acompañamiento de todos los artistas invitados. En el preludio rítmico de este rock'n'roll Sabina presenta a los componentes de Viceversa, a Marcos Mandero, que se ha ocupado de la sección de Teclados, A Chema Rojas, el percusionista. A Tere, ex corista de Aute, la chica de la película. Incluso presenta a los técnicos de sonido y luces, tras haber dadlo cuenta del núcleo duro de Viceversa. "Eh, Sabina" se ilustra con la aparición en escena de un tipo disfrazado de militar, enfermero y monje que le amonesta y sirve como colofón al concierto competente del viernes y al concierto memorable del sábado.

Dos horas de serenata de calidad que RTVE ha rodado para emitir una semana después y que van a dar carta de naturaleza a un doble álbum de muchos quilates. La prensa lo advertía el día 14 y lo ratificaba los días 17 y 18 con generosos reportajes. Sabina había previsto concienzudamente hasta el último detalle del show y la tramoya, y por eso pudo ofrecer una imagen fresca y espontánea. Cuatro días antes de saltar al escenario perdió de vista a sus managers, músicos y técnicos, entre los que se contagiaban la zozobra por relajarse. Estuvo alojado en un hotel incógnito, completamente disipado, viendo televisión y sin hablar con nadie. La noche del sábado fue la gran noche de un vividor del espectáculo al que tal vez dentro de un tiempo, cuando pierda voz y presencia física, no se le caerán los anillos que no lleva, si acaso ha de volver al polvo de los caminos y a vagabundear. Siempre tuvo el genio y la temeridad de una antigua raza de aventureros. Lo dio todo en escena y, mientras, no supo lo que tipos tan distantes como yo habíamos acabado por apreciarle como persona y como artista. Desde la primera vez que lo escuché en concierto, en que me pareció un chulo de barrio promocionando en un número barato de music-hall, empeñado en tirarse el rollo. Desde aquel día en que le propuse una entrevista para la revista *Robinson* y él accedió, aún teniendo en cuenta que no me gustaba su forma de componer. Y desde esa otra mañana en que le desperté inoportunamente para ofrecerle la redacción de este libro y nos empezamos a hacer de la manera insospechada amiguetes.

Desde la fecha de su concierto en el teatro Salamanca, que es cuando acabé de redactar este mamotreto, hasta el momento en que doy por corregidas sus pruebas de imprenta, hay algunos apuntes en el *curriculum* de nuestro personaje que se han quedado en el tintero. Intereses creados le han hecho un lugar en la lista de éxitos de la cadena SER y "Zumó de neón", el single extraído de su álbum en vivo, ha sonado hasta la saciedad. Un rock de garaje con todo su flash de folklor galáctico y la acrobacia de su letra, a caballo de un buen tiro de perico…Vamos, otro tratado de impaciencia para su repertorio, esta vez con el dealer adecuado en la trastienda. El detalle no justifica, por supuesto, "la madurez de oficio del compositor". Eso se ha cacareado por las ondas, como si de un caso más de reciclaje en las sombras se tratara el suyo. La retransmisión por RTVE del concierto de Salamanca y el apoyo recibido en la FM's, en fin, la campaña publicitaria de Ariola, ha supuesto el incremento espectacular de las ventas del último disco de Joaquín Sabina y Viceversa. No se entiendan esos datos en menoscabo de su inspiración, sino más bien como el exponente de la nueva valoración que recibe. Cuando escribo estas líneas, aún Ariola mantiene la expectativa de colocar las cien mil copias en el mercado, y CBS ha editado por su cuenta, para aprovechar la coyuntura, un disco de éxitos, no deseado por el cantautor, con canciones de *Malas Compañías* y *Ruleta Rusa*. Más gratificantes para Sabina han sido otros exponentes de la misma operación de mercado: la lluvia torrencial de contratos de actuación que está recibiendo y la inyección de público con que se encuentra en cada lugar donde le lleva el calendario. Muy pronto ha comenzado para él el rodaje de temporada. Desde el mes de mayo, los compromisos de concierto, que no constituyen giras sino citas sucesivas en uno y otro extremo de la península, le mantienen constantemente en carretera. Este año no se le redondea una media de menos de doce conciertos por mes hasta octubre. En Madrid, actuó en la fiesta sindical de UGT y en la del PCE, como plato fuerte de los programas; anunció su concurso en "Los veranos de la Villa" y faltó a la carpa de San Isidro por tener apalabrada de antemano la fecha en el pueblo extremeño de Don Benito. En compensación, escribió en *El País* un artículo en torno a las fiestas. Y, justo antes de entrar de lleno en el verano, Ariola le prepara la grabación de un *video-clip* por los soportales de la Plaza Mayor, inspirado en el tema de "Pongamos que hablo de Madrid". Y la Diputación de Granada edita el libro para el que seleccionó poemas y canciones inéditas. Realmente, hay que considerar que 1986 supone para Joaquín Sabina un disparadero, un año de investidura que le lanza al ruedo de los personajes públicos y le aconseja cruzar la calle por los pasos de cebra y con gafas oscuras. ¿Para cuándo se reserva un año sabático? El ocio y el arte de saber perder el tiempo también tiene su peso en oro.

El director comercial de Ariola declaraba a Diego A. Manrique que Joaquín Sabina es un artista en desarrollo que rompería muchos esquemas en 1986. Le voy con el chivatazo al propio Joaquín y sonríe a sus treinta y siete años con gestos cómplices, *forever Young,* como si tuviera veinticuatro. No en vano, sólo cumple años los bisiestos que acaban en dos. Lo dice una canción autobiográfica, así que será verdad.

## X. VICEVERSA

Joaquín Sabina nunca quiso alquilar una banda de músicos que solo afrontara sus giras de verano. Su idea era la de reunir en torno a un proyecto de rock a un grupo de profesionales que además fueran colegas. Así, en los ensayos y en los conciertos, se evitarían problemas que añadir a los de tipo técnico que siempre surgen. Viceversa es hoy una formación consolidada y autosuficiente, con el aditivo de una sección de teclados a cargo de Marcos Mandero.

La banda puede decirse que ha influido en la manera de componer de Sabina, después de entender perfectamente la traducción musical de sus letras. En opinión de Álvaro Feito, el cantautor se ha actualizado gracias a Viceversa. En el grupo militan músicos jóvenes, con capacidad de entusiasmar y entusiasmarse en el escenario, pero que han alcanzado pronto un alto nivel de profesionalidad. En el campo del rock, donde abunda tanto músico barroco, convulsivo y con ganas de pasar a la historia no por incomprensible sino por incomprendido, ellos buscan sonar sin deslices y huyen de las sofisticaciones gratuitas. A raíz de su reciente concierto en Santiago, un comentarista apuntaba que además de tener las ideas claras poseían claridad para exponerlas y que no confundían la virtud de ser un grupo seguro con la elección de mostrarse o no duros.

La compenetración significa para ellos someter el lucimiento individual a las exigencias de una línea coherente de ejecución conjunta. Sin embargo, no ha impedido que la creatividad de Pancho Varona brillara con luz propia en dos temas de *Juez y parte* ("Balada de Tolito" y "Ciudadano cero"); que la riqueza rítmica que despliega Paco Beneyto a la batería esté en la base de la investigación del grupo en el rock´n´roll, que Manolo Rodríguez sobresalga por su digitación imaginativa a la guitarra eléctrica, y que, para Fernando Martín, crítico de *El País,* Javier Martínez con sus toques funkyes pueda ser considerado uno de los mejores bajos del rock en España. La voz de Pilar Carbajo ha causado baja, nadie sabe si definitiva, pero lo cierto es que mientras ha estado en el grupo ha despedido unas vibraciones muy especiales; en su lugar hoy luce la de Tere Carrillo, la ex corista de Luis Eduardo Aute.

Viceversa, en palabras de Sabina, se comporta como una Congregación Mariana en el trato, aunque con ellos uno también se puede emborrachar a gusto. Ahora que han demostrado que se pueden bastar solos en el escenario, interpretando un par de buenos temas de su cosecha, quizás deberán dar un paso adelante y compaginar la colaboración con Joaquín y el desarrollo de otra línea de trabajo independiente. El problema puede residir en la necesidad de que uno de ellos asuma un mínimo de liderazgo que sea aceptado por el resto. Por una parte, Joaquín Sabina estaría dispuesto a producirles una maqueta, por otra, creo que la crítica les atendería porque les conoce.

**OPUSCULO: UN DIA EN LA VIDA
COTIDIANA DE JOAQUIN SABINA**

Su teléfono suena las veinticuatro horas y Joaquín ha salido. Los contestadores automáticos se inventaron para hacer un servicio a personajes súper ocupados de su ralea y para agotar a los pelmas. El suyo te responde así: "Hola, soy Joaquín y esto es un contestador automático que está conectado esté o no esté en casa. Si estoy te descolgaré. Deja tu nombre y tu recado y si se trata de algo urgente o de un asunto de trabajo llama al teléfono cuatro dicienueve, cuarenta y siete, cincuenta y ocho; allí te atenderán. Repito, cuatro diecinueve, cuarenta y siete, cincuenta y ocho. No olvides hablar después de la señal. Un abrazo y piiiiiiiiii.

ANDALUCÍA

# El comisionado para la droga asegura que Sabina y Ramoncín promocionan la cocaína

EL PAÍS, Madrid

Antonio Falcón, comisionado autonómico para la droga en la región andaluza, afirmó ayer en Almería, durante la puesta en funcionamiento del Centro Provincial de Drogodependencia, que en España, igual que en Italia, ha disminuido el consumo de heroína, mientras que los adictos a la cocaína son cada día más. "La cocaína tiene una imagen que contribuyen a dársela cantantes", dijo Falcón, "como Ramoncín y Joaquín Sabina, que están promocionando esta droga de forma irresponsable", informa Antonio Torres.

Respecto a tal acusación, Joaquín Sabina, que ayer se encontraba en Zaragoza, manifestó telefónicamente a este diario que las declaraciones de Falcón le parecen "demenciales". "Ni Ramoncín ni yo promocionamos nada de eso". En las canciones de Sabina sólo aparece en una ocasión el término cocaína. "Se trata de *Zumo de neón*, en que digo 'los jefes de coca, los *curros* de tinto y aspirina'", declaró el cantante quien añadió: "Los cantantes no promovemos nada. Sucede, sin embargo, que es una canción humorística y los estamentos oficiales carecen de sentido del humor".

*El País, 12 de junio de 1986.*

# ANTOLOGÍA DE CANCIONES

*Ultima formación de Viceversa con Joaquín Sabina y su mascota.*

## ESO SERA POESIA
### León Felipe

Sentarse en una mesa
coger papel y pluma
encender un cigarro
elegir al azar un libro del estante
acariciar con indolencia el lomo
recostar cuidadosamente la mejilla
en el dorso de la mano
el codo en el tablero
en actitud pensante
cagarse en las palabras poner algo de Mozart
a ver si echa una mano
recordar un domingo con sol tras los visillos
decir tres veces mierda
levantarse con furia
bajar las escaleras
abrir la puertecilla del retrete
arrojar el papel hecho una bola
tratar de mear dentro
como exige el letrero en tres idiomas
decir amén jesús
abotonarse.

Edimburgo, febrero 1971

## LA MUCHACHA QUE VEIA PASAR LOS TRENES

En aquel tiempo había en mi vida un llano
y un tren que fatigado lo surcaba
y una casa en el llano, y unos ojos
detrás de una ventana.

Cuántas veces has sido en mi memoria
signo que del olvido rescataba
ese pueblo perdido en el trayecto
de Úbeda a Granada.

Tú eres hija del jefe de estación,
y yo era el forastero que pasaba,
que desde el tren mugriento te decía
adiós con la mirada.

Tu pueblo más que pueblo era una aldea,
un puñado de casas escaladas
donde vivían apenas tres familias
con un televisor y algunas cabras.

Nadie bajaba nunca de ese pueblo,
cada día se fugaba una esperanza,
la vida era para ti ese largo
tren que nunca alcanzabas.

Con la ilusión poblada de paisajes,
un ondulante adiós en la mirada,
en cada mano una paloma triste,
salías a la ventana.
Allí donde la vista ya no llega
habría una ciudad que te aguardaba,

tendría que ser el mundo más hermoso
detrás de las montañas.

Pero los días pasaban y los años
y pasaban los trenes, y quedabas
en la aldea silenciosa, como un pájaro
con las alas mojadas.

Pasaron otros trenes en mi vida
cuyas vías no cruzaban por tu casa,
y no vi más tu rostro y tu pañuelo,
tus manos y tu falda.

Pero aún te recuerdo con cariño
muchacha que, asomada a la ventana,
miras tristemente al forastero
que nunca se apeaba.

Y me duelen tus pechos presentidos,
tu cintura que nadie rodeaba,
tu habitación ¡tan fría por las noches!
sin mi cuerpo en tu cama.

Por eso es para ti mi canción,
recuerdo del muchacho que pasaba
en aquel tren que hacia el recorrido
de Úbeda a Granada.

Londres, octubre 1974 - enero 1976

## EL VIOLINISTA *(HOMENAJE A MICKY)*

El viejo vagabundo del violín
canta en el metro de su canción,
envuelto en un mugriento abrigo gris
 toca su solo de bordón.

Bailando en calles de humo yo lo vi
buscando en la basura alguna flor,
por las esquinas de su sueño yo lo seguí,
hasta que se perdió.

También yo quisiera dejar así
en cualquier metro mi canción,
escarbar en cualquier cubo de zinc,
comer el pan que alguien tiró.

Si te pide dinero dale o no
pero no se te ocurra preguntar,
no seas imbécil, no pretendas enseñar
a uno que sabe más que tú y yo.

A veces yo lo he visto sonreír
A la mitad de su canción
Recordando quizás al verme a mí,
cuando aún él era como yo.

El viejo vagabundo, canta, sí,
mas nadie se detiene a escuchar
el mundo absurdo, qué toca su violín
para los sordos de la gran ciudad.

Londres, noviembre 1975

## TRATADO DE IMPACIENCIA NUMERO DIEZ

Aquella noche no llovió,
ni apareciste disculpándote,
diciendo, mientras te sentabas,
"perdóname si llego tarde".
No me abrumaste con preguntas,
ni yo traté de impresionarte
contando tontas aventuras,
falsas historias de viaje.

Ni deambulamos por el barrio
buscando algún tugurio abierto,
ni te besé cuando la luna
me sugirió que era el momento.

Tampoco fuimos a bailar,
ni tembló un pájaro en tu pecho
cuando mi boca fue pasando
de las palabras a los hechos.

Y no acabamos en la cama,
que es donde acaban estas cosas,
ardiendo juntos en la hoguera
de piel, sudor, saliva y sombra.

Así que no andes lamentando
lo que pudo pasar y no pasó.
Aquella noche que fallaste,
tampoco fui a la cita yo.

*Inventario*, 1978

## MI VECINO DE ARRIBA

Mi vecino de arriba
es un fulano de tal.
Es un señor muy calvo,
muy serio y muy formal
que va a misa el domingo
y fiestas de guardar
que es una unidad de destino
en lo universal,
que busca en esta vida
respetabilidad,
que predica a sus hijos
responsabilidad.
y llama libertinaje
a la libertad.
Ha conseguido todo
menos felicidad.
Mi vecino de arriba
hizo la guerra y no
va a consentir que opine
a quien no la ganó.
Mi vecino es un recto
caballero español,
que siempre habla ex cátedra
y siempre sin razón.
Mi vecino de arriba
es el lobo feroz,
que va el domingo al fútbol
y ve televisión,
que engorda veinte kilos
si le llaman señor,
que pinta en las paredes:

"rojos al paredón".
Al vecino de arriba
le revienta que yo
deje crecer mi barba
y cante mi canción.
Mi vecino de arriba
es más hombre que yo,
dice que soy un golfo
y que soy maricón.
Mi vecino de arriba
se lo pasa fatal
y que yo me divierta
no puede soportar,
cuando me mira siente
ganas de vomitar;
si yo fuera su hijo
me pondría a cavar.
Mi vecino de arriba
en la barra del bar,
cuando se habla de sexo
dice que es Superman,
es una pena que su mujer
no opine igual.
De sexo, las mujeres
no debían de opinar.
Mi vecino de arriba
un día me pescó
magreando a su hija
dentro del ascensor.
Del trabajo volvía
cuando reconoció
la voz que me decía:
"quítate el pantalón".

Aún estoy corriendo,
no quiero ni pensar
lo que habría sucedido
si me llega a alcanzar.
Como hay niños delante
no les puedo contar
lo que con su cuchillo
me quería cortar.
Me he cambiado de casa,
de nacionalidad,
pero, a pesar de todo,
todo ha seguido igual;
los vecinos de arriba
inundan la ciudad,
si tú vives abajo,
no te dejan en paz.

*Inventario*, 1978

## MANUAL PARA HEROES Y CANALLAS

Aprender a reírse torvamente,
a mirar de reojo en los bautizos,
a negar el asiento a las señoras,
a orinar dibujando circulitos.

Aprender a fruncir el entrecejo,
a enfadar a las monjas y a los niños,
a poner zancadillas al guardia urbano,
a escupir sin piedad por un colmillo.

Preferir la navaja a la pistola,
el vino peleón al Jerez fino,
el infame pañuelo a la corbata,
una Venus de Murcia a la de Milo.

Aprender a cortarse la cabeza,
a vestir negro luto de domingos,
a decir palabrotas en los trenes,
A jugar al parchís con los bandidos.

Apurar los licores del fracaso,
trasladarse a vivir al barrio chino,
propagar mil rumores alarmantes,
aprender a ser malo y fugitivo.

*Malas compañías, 1980*

## ADIVINA, ADIVINANZA

Mil años tardó en morirse,
pero por fin la palmó.
Los muertos del cementerio
están de Fiesta Mayor.
Seguro que está en el Cielo
a la derecha de Dios.
Adivina, adivinanza,
escuchen con atención.
A su entierro de paisano
asistió Napoleón, Torquemada,
y el caballo del Cid Campeador;
Millán Astray, Viriato,
Tejero y Milans del Bosch,
el coño de la Bernarda,
y un dentista de León;
y Celia Gámez, Manolete,
San Isidro Labrador,
y el soldado desconocido
a quien nadie conoció.
Santa Teresa iba dando
su brazo incorrupto a Don Pelayo
que no podía resistir el mal olor.
El marqués de Villaverde
iba muy elegantón,
con uniforme de gala
de la Santa Inquisición.
Don Juan March enciende puros
con billetes de millón,
y el niño Jesús de Praga
de primera comunión.

Mil quinientas doce monjas
pidiendo con devoción
al Papa santo de Roma
pronta canonización.
Y un pantano inaugurado
de los del plan Badajoz.
Y el Ku-klus-klan que no vino
pero mandó una adhesión.
y Rita la cantora,
y don Cristóbal Colón,
y una teta disecada
de Agustina de Aragón.
La tuna compostelana
cerraba la procesión
cantando a diez voces
clavelitos de mi corazón.
San José María Pemán
unos versos recitó,
servía Perico Chicote
copas de vino español.
Para asistir al entierro
Carrero resucitó
y, otra vez, tras los responsos,
al cielo en coche ascendió.
Ese día en el infierno
hubo gran agitación,
muertos de asco y fusilados
bailaban de sol a sol.
Siete días con siete noches
duró la celebración,
en leguas a la redonda
el champán se terminó.

Combatientes de Brunete,
braceros de Castellón,
los del exilio de fuera
y los del exilio interior
celebraban la victoria
que la historia les robó.
Más que alegría, la suya
era desesperación.
Como ya habrá adivinado,
la señora y el señor,
los apellidos del muerto
a quien me refiero yo,
pues colorín colorado,
igualito que empezó,
adivina, adivinanza,
se termina mi canción,
se termina mi canción.

*La Mandrágora*, 1981

## CALLE MELANCOLIA

Como quien viaja a lomos de una yegua sombría,
por la ciudad camino, no preguntéis adónde.
Busco acaso un encuentro que me ilumine el día,
y no hallo más que puertas que niegan lo que esconden.
Las chimeneas vierten su vómito de humo
a un cielo cada vez más lejano y más alto.
Por las paredes ocres se desparrama el zumo
de una fruta de sangre crecida en el asfalto.

Ya el campo estará verde, debe ser Primavera,
cruza por mi mirada un tren interminable,
el barrio donde habito no es ninguna pradera,
desolado paisaje de antenas y de cables.

Vivo en el número siete, calle Melancolía.
Quiero mudarme hace años al barrio de la alegría.
Pero siempre que lo intento ha salido ya el tranvía
y en la escalera me siento a silbar mi melodía.

Como quien viaja a bordo de un barco enloquecido,
que viene de la noche y va a ninguna parte,
así mis pies descienden la cuesta del olvido,
fatigados de tanto andar sin encontrarte.
Luego, de vuelta a casa, enciendo un cigarrillo,
ordeno mis papeles, resuelvo un crucigrama;
me enfado con las sombras que pueblan los pasillos
y me abrazo a la ausencia que dejas en mi cama.

Trepo por tu recuerdo como una enredadera
que no encuentra ventanas donde agarrarse, soy
esa absurda epidemia que sufren las aceras,
si quieres encontrarme, ya sabes dónde estoy.

Vivo en el número siete…

*Malas compañías*, 1980

## QUE DEMASIAO

Macarra de ceñido pantalón
pandillero tatuado y suburbial,
hijo de la derrota y el alcohol,
sobrino del dolor,
primo hermano de la necesidad.

Tuviste por escuela una prisión
por maestra una mesa de billar
te lo montas de guapo y de matón,
de golfo y de ladrón
y de darle al canuto cantidad.

Aún no tienes años pa votar
y ya pasas del rollo de vivir,
chorizo y delincuente habitual
contra la propiedad
de los que no te dejan elegir.

Si al fondo del oscuro callejón
un *bugatti* te come la moral,
a punta de navaja y empujón
el coche vacilón
va cambiando de dueño y de lugar

"Que no se mueva nadie", has ordenao.
Y van ya quince atracos en un mes.
Tu vieja apura el vino que has mercao
y nunca ha preguntao
"¿De dónde sale todo este parné?"

La pasma va pisándote el talón,
hay bronca por donde quiera que vas
Las chavalas del barrio sueñan con
robarte el corazón
si el sábado las llevas a bailar.

Una noche que andabas desarmao
la muerte en una esquina te esperó,
te pegaron seis tiros descaraos
y luego desangrao
te ingresaron en el Piramidón.

Pero antes de palmarla se te oyó
decir: "¡Qué demasiao,
de ésta me sacan en televisión!"

*Malas compañías*, 1980

## PASANDOLO BIEN

Creen, porque la gente no habla ya de mí,
que estoy más acabado que Antonio Machín.
Dense prisa si me quieren enterrar,
pues tengo la costumbre de resucitar,
y salgo del nicho cantando,
y salgo vivo y coleando,
pero pasando.
Pasando de críticos,
pasando de místicos,
pasándolo bien.
Pasando de bodas,
pasando de modas,
pasándolo bien.
Pasando de *hippies*,
pasando de *trippies*,
pasándolo bien.

Hay también quien se dedica a disparar
balas que me rozan pero no me dan.
Al paso que vamos me figuro que
cumpliré más años que Matusalén.
Muriendo y resucitando,
sigo vivo y coleando,
pero pasando.

Pasando de mitos,
pasando de gritos,
pasándolo bien.
Pasando de puros,
pasando de duros,
pasándolo bien.

Pasando de cultos,
pasando de insultos,
pasándolo bien.
Pasando de insectos,
pasando de ineptos,
pasándolo bien.
Pasando de novias,
pasando de fobias,
pasándolo bien.
Pasando de atletas,
pasando de anfetas,
pasándolo bien.
Pasando de gafes,
pasando de cafres,
pasándolo bien.
Pasando de Pili,
pasando de mili,
pasándolo bien.
Pasando de mapas,
pasando del Papa,
pasándolo bien.
Pasando, pasando,
pasándolo bien.

*Malas compañías*, 1980

## PONGAMOS QUE HABLO DE MADRID

Allá donde se cruzan los caminos,
donde el mar no se puede concebir,
donde regresa siempre el fugitivo,
pongamos que hablo de Madrid.

Donde el deseo viaja en ascensores,
un agujero queda para mí,
que me dejo la vida en sus rincones,
pongamos que hablo de Madrid.

Las niñas ya no quieren ser princesas,
y a los niños les da por perseguir
el mar dentro de un vaso de ginebra,
pongamos que hablo de Madrid.
Los pájaros visitan al psiquiatra,
las estrellas se olvidan de salir,
la muerte viaja en ambulancias blancas,
pongamos que hablo de Madrid.

El sol es una estufa de butano,
la vida un metro a punto de partir,
hay una jeringuilla en el lavabo,
pongamos que hablo de Madrid.

Cuando la muerte venga a visitarme,
que me lleven al sur donde nací,
aquí no queda sitio para nadie,
pongamos que hablo de Madrid.

*Joaquín Sabina y Viceversa*, 1986

## JUANA LA LOCA

Después de toda una vida de oficina y disimulo,
después de toda una vida sin poder mover el culo,
después de toda una vida viendo a la gente decente
burlarse de los que buscan amor a contra corriente.
Después de toda una vida in un triste devaneo,
coleccionando miradas en el desván del deseo…

De pronto un día
pasaste de pensar qué pensarían
si lo supieran
tu mujer, tus hijos, tu portera.
Y te fuiste a la calle
Con tacones y bolso
y Felipe el Hermoso por el talle.

Desde que te pintas la boca
en vez de Don Juan,
te llamamos Juana la loca.

Después de toda una vida sublimando los instintos,
tomando gato por liebre, negando que eres distinto,
después de toda una vida poniendo diques al mar,
trabajador intachable, esposo y padre ejemplar.
Después de toda una vida sin poder sacar las plumas,
soñando cuerpos desnudos entre sábanas de espuma…

De pronto un día
pasaste de pensar qué pensarían
cuando supieran
tu mujer, tus hijos, tu portera,

que en el cine Carretas
una mano de hombre
cada noche busca en tu bragueta.
Desde que te pintas la boca….

*Ruleta rusa,* 1984

## POR EL TUNEL

Regreso al tiempo en que te conocí,
cuando el mundo acababa en tu jardín,
yo era el *cowboy* más duro de la Unión
y tú la bailarina del *saloon*.

Todas te aventajaban en virtud
pero ninguna daba lo que tú.
Luego volaste, alguien me contó
que has hecho del amor tu profesión.

Desde que aquel invierno terminó,
desde que aquel amigo se esfumó,
desde que comenzaste a resbalar
por el túnel
que lleva donde crece
la más oscura flor de la ciudad.,

Yo sigo igual, ya sabes, en Madrid.
Las cosas no dan mucho más de sí.
Un día te llamo y vamos a cenar.
Espero me harás un precio especial.

El resto de la banda se perdió.
El maldito reloj los engulló;
hacen quinielas, hijos, van al bar.
Tu oficio no es peor que los demás.

Desde que aquel invierno terminó….

*Ruleta Rusa*, 1984

## CABALLO DE CARTON

Cada mañana bostezas, amenazas al despertador,
y te levantas gruñendo cuando todavía duerme el sol.
Mínima tregua en el bar, café con dos de azúcar y croissant.
El metro huele a podrido, carne de cañón y soledad.

Tirso de Molina, Sol, Gran Vía, Tribunal,
donde queda tu oficina para irte a buscar.
Cuando la ciudad pinte sus labios de neón,
subirás en mi caballo de cartón.
Me podrán robar tus días; tus noches no.

"¡Qué buena estás, corazón!", cuando pasas grita el albañil.
El obseso del vagón se toca mientras piensa en ti.
La voz de tu jefe brama: "Estas no son horas de llegar".
Mientras tus manos archivan, tu mente empieza a navegar.

Tirso de Molina, Sol…

Ambiguas horas que mezclan al borracho y al madrugador.
Danza de trajes sin cuerpo al obsceno ritmo del vagón.
Hace siglos que pensaron: "Las cosas mañana irán mejor".
Es pronto para el deseo y tarde para el amor.

Tirso de Molina, Sol…

*Ruleta rusa*, 1984

**RING, RING, RING**

Tu nombre estaba en todas las agendas de la gente "in".
El teléfono en tu casa no paraba de hacer ring, ring, ring.
No había cóctel, party, cena, estreno, en que faltaras tú;
por las noches en Bocaccio, y al Gijón para el vermut.
Lástima que ahora, cuando llaman a tu puerta, ves
al casero que te pide por octava vez el alquiler.
El mercader de sueños ya murió.
El príncipe azul era un impostor.
El último amante se largó,
y el siguiente no, nena, no,
no voy a ser yo.

Ahora que todo se derrumba, ahora que se acerca el fin,
déjate de valium, no imites a Marilyn.
Puede que haya algo aún que tú puedas hacer.
Esto es un supermercado ¿qué tienes para vender?
Tendrás que decir sí a ofertas que dijiste no.
Son tiempos de rebajas, siempre habrá algún comprador.

El mercader de sueños ya murió.
El príncipe azul era un impostor.
El último amante se largó,
y el siguiente no, nena, no,
no voy a ser yo.

Déjate de rollos, anda, reina, muévete,
sal corriendo si no quieres perder también ese tren.

El mercader de sueños ya murió.
El príncipe azul era un impostor.
El último amante se largó,
y el siguiente no, nena, no,
no voy a ser yo.

*Ruleta Rusa*, 1984

## NEGRA NOCHE

La noche que yo amo es turbia como tus ojos,
larga como el silencio, amarga como el mar.
La noche que yo amo crece entre los despojos
que al puerto del fracaso arroja la ciudad.

La noche que yo amo tiene dos mil esquinas,
con mujeres que dicen: "¿me das fuego chaval?"
y padres de familia que abren sus gabardinas
la noche que yo amo no amanece jamás…

Negra noche, no me trates así,
negra noche, espero tanto de ti.
Noche maquillada, como una maniquí,
noche perfumada con pachulí, con pachulí

La noche que yo amo es un sótano oscuro
donde van los marinos que quieren naufragar.
Hay siempre algún borracho sujetando algún muro,
llamas de madrugada y te dejan entrar.

Los profetas urbanos salen de sus guaridas
cuando la noche calza sus botas de metal.
Y bailan agarrados el loco y el suicida.
La noche que yo amo no amanece jamás…

Negra noche, no me trates así,
negra noche, espero tanto de ti.
Noche maquillada, como una maniquí,
noche perfumada con pachulí, con pachulí.

*Ruleta Rusa*, 1984

## CUANDO ERA MAS JOVEN

Cuando era más joven viajé en sucios trenes que iban hacia el norte
Y dormí con chicas que lo hacían con hombres por primera vez.
Compraba salchichas y olvidaba luego pagar el importe.
Cuando era más joven me he visto esposado delante del juez.

Cuando era más joven cambiaba de nombre en cada aduana,
Cambiaba de casa, cambiaba de oficio, cambiaba de amor.
Mañana era nunca y nunca llegaba pasado mañana.
Cuando era más joven buscaba el placer engañando al dolor.

Dormía de un tirón cada vez que encontraba una cama,
Había días que tocaba comer, había noches que no.
Fumaba de gorra y sacaba la lengua a las damas
Que andaban del brazo de un tipo que nunca era yo.

Pasaron los años, terminé la mili, me metí en un piso,
Hice algunos discos, senté la cabeza, me instalé en Madrid,
Tuve dos mujeres, pero quise más a la que más me quiso.
Una vez le dije: "¿Te vienes conmigo?" Y contestó que sí.

Hoy como caliente, pago mis impuestos, tengo pasaporte,
Pero algunas veces pierdo el apetito y no puedo dormir,
Y sueño que viajo en uno de esos trenes que iban hacia el norte...
Cuando era más joven la vida era dura, distinta y feliz.

Dormía de un tirón cada vez que encontraba una cama...

*Juez y Parte,* 1985

## EL JOVEN APRENDIZ DE PINTOR

El joven aprendiz de pintor que ayer mismo
juraba que mis cuadros eran su catecismo,
hoy, como ve que el público empieza a hacerme caso,
ya no dice que pinto tan bien como Picasso.

En cambio, la vecina que jamás saludaba,
cada vez que el azar o el ascensor nos juntaba,
vino ayer a decirme que mi última novela
la excita más que todo Camilo José Cela.

¿Y qué decir del *manager* audaz y decidido
que no me recibió, que siempre estaba reunido?
Hoy, moviendo la cola, se acercó como un perro
a pedir que le diéramos vela en este entierro

Y yo le dije: no,
no, no, no, no, no, no, no, ya está marchita
la margarita
que en el pasado he deshojado yo.

El torpe maletilla que hasta ayer afirmaba
que con las banderillas nadie me aventajaba,
ahora que corto orejas y aplauden los del siete
ya no dice que canto tan bien como Antoñete.

La propia Caballé que me negó sus favores,
la diva que pasaba tanto de cantautores
Llamó para decirme: "Estoy en deuda contigo,
mola más tu Madrid que el *Aranjuez* de Rodrigo."

¿Y qué decir del crítico que indignado me acusa
de jugar demasiado a la ruleta rusa?
Si no hubiera arriesgado tal vez me acusaría
de quedarme colgado en calle Melancolía

Y eso sí que no…

*Juez y Parte*, 1985

## KUNG FU

Botas altas, cazadoras de cuero,
con chapas de Sex Pistols y los Who,
silbando salen de sus agujeros
los pavos de la banda del Kung Fu.
Desde el suburbio cuando el sol de va,
a lomos del hastío y la ansiedad,
vienen buscando bronca a la ciudad.

Dile a tus hijas, hombre de la calle,
que escondan su virtud y su reloj,
cierra tu Sinmca-Mil con siete llaves,
da la alarma si tarda el ascensor.
Duerme vestido, no apagues la luz,
guarda el radio-cassette en un baúl,
que anda suelta la banda del Kung Fu.

Las motocicletas
que mangaron anteayer
los conducen hasta Lavapiés.
Seis tubos de anfetas,
dos farmacias, un tirón,
si se tercia, alguna violación.

Al ritmo de guitarras asesinas
se juegan el destino a cara o cruz.
En *El Caso* ha leío una vecina
que ha caído la banda del Kung Fu.
Podrán dormir tranquilos otra vez,
ahorrar unas pesetas cada mes,
trabajo de rutina para el juez.

Del pub a la trena,
no conocen otro hotel
que la quinta de Carabanchel.
Se cortan las venas,
se tragan vidrios con tal
de que los lleven al hospital.

¿Qué importa si revientan algún día?
Mientras estén las cosas como están
sus colegas de Aluche o Entrevías
la ley de la navaja heredarán.
Desde el suburbio, cuando el sol se va,
a lomos del hastío y la ansiedad
vendrán buscando bronca a la ciudad.

*Juez y Parte*, 1985

## CIUDADANO CERO

Sé de nuestro amigo
lo que andan diciendo
todos los diarios.
Está usted perdiendo
su tiempo conmigo,
señor comisario.

Era un individuo
de esos que se callan
por no hacer ruido,
perdedor asiduo
de tantas batallas
que gana el olvido.

Yo no les pregunto
nunca a mis clientes
datos personales,
me pagan y punto…
¡Pasa tanta gente
por estos hostales!…

Nunca dio el menor
motivo de alarma,
señor comisario,
nadie imaginó
que escondiera un arma
dentro del armario.

Ciudadano cero,
¿qué razón oscura te hizo salir del agujero?,

siempre sin paraguas, siempre a merced del aguacero.
Todo había acabado cuando llegaron los maderos.

Aquella mañana
decidió que había
llegado el momento.

Abrió la ventana
rumiando que hacía
falta un escarmiento.

Cargó la escopeta,
se puso chaqueta,
pensando en las fotos.
Hizo una ensalada
de sangre, aliñada
con cristales rotos.

Dejó un gato cojo
y un Volkswagen tuerto
de un tiro en un faro;
no tuvo mal ojo,
diecisiete muertos
en treinta disparos.

Cuando lo metían
en una lechera,
por fin detenido,
"ahora -decía-
sabrá España entera
mis dos apellidos".

Ciudadano cero,
¿qué razón oscura te hizo salir del agujero?,
siempre sin paraguas, siempre a merced del aguacero.
Todo había acabado cuando llegaron los maderos.

*Juez y Parte*, 1985

## REBAJAS DE ENERO

Huyendo del frío busqué en las rebajas de enero
Y hallé una morena bajita que no estaba mal,
Cansada de tanto esperar el amor verdadero
Le dio por poner un anuncio en la prensa local.

"Absténganse brutos y obsesos en busca de orgasmo",
no soy dado a tales excesos, así que escribí,
"Te puedo dar todo -añadía- excepto entusiasmo",
nos vimos tres veces, la cuarta se vino a dormir.

Apenas llegó
Se instaló para siempre en mi vida.
No hay nada mejor
Que encontrar un amor a medida.

Como otras parejas tuvimos historias de celos,
Historias de gritos y besos, de azúcar y sal,
Un piso en Atocha no queda tan cerca del cielo
Y yo, la verdad, nunca he sido un amante ideal.

Y contra pronóstico han ido pasando los años,
Tenemos estufa, dos gatos y tele en color,
Si dos no se engañan, mal pueden tener desengaños…
¿emociones fuertes? Buscadlas en otra canción.

Apenas llegó
Se instaló para siempre en mi vida,
No hay nada mejor
Que encontrar un amor a medida.

*Juez y Parte*, 1985

## BALADA DE TOLITO

Tolito tiene un dado y una paloma,
una tos y una copa llena de vino,
y unas ropas con polvo de los caminos,
caminos que jamás llevaban a Roma.

Mago de las barajas y la sonrisa,
malabarista errante de las plazuelas,
corazón que le sale por la camisa,
botas de andar sin prisa ni mediasuela.

Empieza la función, pongan atención,
el circo cabe en un asiento del vagón.
Empieza la función, pongan atención,
billete de segunda, próxima estación.

A no ser por el alma y por la melena,
de sus vecinos no se distinguiría.
Su oficio es retorcerle el cuello a la pena
y abrir una ventana a la fantasía.

Para dormir a pierna suelta le basta
con tener para vino, pan y tabaco.
Igual te rifa un peine que echa las cartas
y saca el rey de bastos de tu sobaco.

Si quieres verlo, ven, busca en el andén,
Tolito siempre está bajando de algún tren.
Si quieres verlo, ven, busca en el andén,
Tolito siempre está subiendo al primer tren.

Cada vez que se encuentran dos caminantes,
se cuentan sus andanzas y sus querellas,
le cuelgan a la noche un interrogante
y llegan hasta el fondo de las botellas.

Luego, entre cuatro muros y dos escuetos
colchones, rescatados de la miseria,
se intercambian los trucos y los secretos
del arte de ir rodando de feria en feria.

"Ponnos dos copas más antes de cerrar,
morirse debe ser dejar de caminar.
Ponnos dos copas más antes de cerrar,
hoy bebo a tu salud, mañana Dios dirá."

*Juez y Parte*, 1985

**PRINCESA**

Entre la cirrosis
y la sobredosis
andas siempre, muñeca.
Con tu sucia camisa
y, en lugar de sonrisa,
una especie de mueca.

¿Cómo no imaginarte,
cómo no recordarte
hace apenas dos años?
Cuando eras la princesa
de la boca de fresa,
cuando tenías aún esa forma
de hacerme daño.

Ahora es demasiado tarde, princesa.
Búscate otro perro que te ladre, princesa.

Maldito sea el gurú
que levantó entre tú
y yo un silencio oscuro,
del que ya sólo sales
para decirme, "vale,
déjame veinte duros".

Ya no te tengo miedo
nena, pero no puedo
seguirte en tu viaje.
Cúantas veces hubiera dado la vida entera
porque tú me pidieras
llevarte el equipaje.

Ahora es demasiado tarde, princesa…

Tú que sembraste en todas
las islas de la moda
las flores de tu gracia,
¿cómo no ibas a verte
envuelta en una muerte
con asalto a farmacia?

¿Con qué ley condenarte
si somos juez y parte
todos de tus andanzas?
Sigue con tus movidas,
pero no pidas
que me pase la vida
pagándote fianzas.

Ahora es demasiado tarde, princesa
Búscate otro perro que te ladre, princesa

Juez y Parte, 1985

**Joaquín Sabina:** "Después de escrita, tardé mucho en cantarla y grabarla porque pensé que se me había ido la mano en el tono agresivo contra la chica. Fue el público quien la impuso. Hoy es insustituible en mis conciertos."

## INCOMPATIBILIDAD DE CARACTERES

Setenta veces siete lo intenté, si me largo
para siempre es porque no puedo más,
no tengo nada que perder
sólo el miedo a la soledad.

Me temo que esta vez es el fin,
adiós amor, adiós mujeres.
Debe ser un caso de
incompatibilidad de caracteres.

Cada vez que digo que sí
ella en cambio opina que no,
siempre que prefiero dormir
ella insiste en hacer el amor,

Si la engaño con una rócker,
ella me la da con un mod,
cada vez que yo ligo póker
ella lleva una escalera de color.

Cuando le propongo salir me contesta
"ni pensarlo, hogar, dulce hogar".
Canto algo de Bob
Dylan y protesta (maldición, su rollo es el vals).

Si me excita el sesenta y nueve
me grita: "quiero un cuarenta y dos".
Siempre que en mi piso de Tabernillas llueve
en su buhardilla brilla el sol.

…Adiós amor, adiós mujeres.
Debe ser un caso de in-
compatibilidad de caracteres.

Cuando me mudé al Albaicyn
ella en su Lavapiés se quedó,
si coreo el "Hala Madrid"
me responde "Atleti campeón".

Cuando doy un paso adelante
ella da dos pasos atrás,
si ando loco por una amante
me echa un poco de bromuro en el coñac.

Siempre que la voy a besar
me lo impide un repentino ataque de tos,
trato de dejar
de fumar, y por mi santo me regala un cartón.

Cuando de repente la olvido
jura que se muere por mí.
Siempre que por fin me suicido
acto seguido le entran ganas de vivir.
Incompatibilidad de caracteres, ETC.

*Juez y Parte*, 1985

## HAY MUJERES

Hay mujeres que arrastran maletas cargadas de lluvia,
Hay mujeres que nunca reciben postales de amor,
Hay mujeres que sueñan con trenes llenos de soldados,
Hay mujeres que dicen que sí cuando dicen que no.

Hay mujeres que bailan desnudas en cárceles de oro,
Hay mujeres que buscan deseo y encuentran piedad,
Hay mujeres atadas de manos y pies al olvido,
Hay mujeres que huyen perseguidas por su soledad.

> Hay mujeres veneno, mujeres imán,
> Hay mujeres de fuego y helado metal,
> Hay mujeres consuelo, hay mujeres consuelo,
> Hay mujeres consuelo, mujeres fatal.

Hay mujeres que tocan y curan, que besan y matan,
Hay mujeres que ni cuando mienten dicen la verdad,
Hay mujeres que exploran secretas estancias del alma,
Hay mujeres que empiezan la guerra firmando la paz.

Hay mujeres envueltas en pieles sin cuerpo debajo,
Hay mujeres en cuyas caderas no se pone el sol,
Hay mujeres que van al amor como van al trabajo,
Hay mujeres capaces de hacerme perder la razón.

*Joaquín Sabina y Viceversa*, 1986

## JUEGOS DE AZAR

Recordarás la primera vez
que con tu trajín nos juntó la vida,
llamaste al timbre para vender
libros sobre razas desconocidas...
¿qué nos sucedió?
Que acabamos desnudos jugando abrazados sobre el parquet
al juego del amor.

Luego te marchaste sin dejar ni un papel
con tu nombre y tu dirección,
alguien te esperaba donde siempre a las tres
y eran ya más de las dos.

Volví a encontrarte meses después,
la casualidad me cruzó contigo
en el vestíbulo de un hotel
-"¿qué demonios andas haciendo en Vigo?"-
cuando me desperté
me besabas los párpados: -"¿cómo te llamas?"- te pregunté
después amaneció.

Y así fue como el tabique de aquel hotel
que nos separaba cayó;
tu tenías el cuarto cientocuarentaitres,
yo el cientocuarentaidos.

Siglos pasaron sin que el azar,
duende juguetón, sus hilos moviera;
casi me había olvidado ya
de tus pies subiendo por mi escalera...
pero antes de ayer

en un cine de barrio una voz me llamó, desde el ambigú,
y supe que eras tú.

Y la rara historia otra vez se repitió
unos cuantos años después,
en taquilla te habían dado la fila dos
y a mí me dieron la tres.

*El hombre del traje gris*, 1988

## ZUMO DE NEON

De pronto alguna tarde
te pasan calidad y de repente
los bulevares arden,
la piel recibe un telegrama urgente.
Los bares y los rostros
fascinan un instante, luego mueren,
asómate a mis ojos
si aún no has comprendido lo que quieren.

Los cuerpos se me clavan,
sus codos y su prisa son de hielo,
la noche se derrama
sin dejarme chupar su caramelo.
Acabo vomitando
en los lavabos de un antro moderno;
un grupo está tocando
rock'n'roll a las puertas del infierno.

> Mar donde flotan
> piruetas de bufón,
> toreros de salón,
> amor de garrafón,
> dame, dame música idiota
> y zumo de neón
> contra la depresión,
> todos se miran
> na-na-nadie se toca.

El club del desengaño
de madrugada está superpoblado,
la sombra de un extraño

planeta sobrevuela los tejados.
El grueso de la tropa
se afeita para ir a la oficina,
los jefes van de coca,
los curritos de tinto y aspirinas.

Mar donde flotan…

*Joaquín Sabina y Viceversa*, 1986

## COMO DECIRTE, COMO CONTARTE

Los chavales que te besaban
Nunca se llamaban Alain Delon,
La vida era un pez dormido,
El estribillo insípido de un rock and roll.

Así que un buen día dijiste,
"olvidadme", y a Madrid haciendo auto stop,
con un proyecto en la piel
y escrita en un papel, mi nueva dirección.

Buscando el tiempo perdido,
te has ido acostando con media ciudad,
pero el gran amor no deshizo tu cama
y te aburriste pronto de promiscuidad.

Cada noche un rollo nuevo,
ayer el yoga, el tarot, la meditación,
hoy el alcohol y la droga,
mañana el aerobic y la reencarnación.

Cómo decirte,
que el cielo está en el suelo
que el bien es el espejo del mal,

Cómo contarte,
que al tren del desconsuelo
si subes no es tan fácil bajar.

Cómo decirte
que el cuerpo está en el alma,

que Dios le paga un sueldo a Satán,

Cómo contarte
que nadie va a ayudarte
si no te ayudas tú un poco más.

Qué consejos puedo darte yo
que ni siquiera sé cuidar de mí;
tengo ya tan ocupado el corazón…
no queda sitio para ti.

Un amigo me ha contado
que el martes pasado te escuchó gritar
En medio del supermercado:
"quién me vende un poco de autenticidad".

Mañana te vuelves a casa,
sin pena ni gloria ni príncipe azul
y contarás tu aventura
como una locura de la juventud.

Pero no te engañes pensando
que el redil de vuelta va a seguir igual,
el alquitrán del camino
embriaga más que el suave vino del hogar.
Cómo decirte…

*Joaquín Sabina y Viceversa*, 1986

*Carga de guitarras en escena. De izquierda a derecha:*
*Javier Martínez, Manolo Rodriguez, Pancho Varona y Joaquín Sabina.*
*Al fondo, Pilar Carbajo.*

# INDICE

ENTREVISTA A SABINA ............................................................... 13
PRÓLOGO ...................................................................................... 17

I. GENIO Y FIGURA ..................................................................... 31
II. DEJAD QUE LOS NIÑOS SE ACERQUEN A MÍ….............. 37
Y TAMBIÉN LAS NIÑAS
III. RETRATO DE UN ARTISTA ADOLESCENTE........................ 49
IV. UN CORRIDO PARA *JUAN SIN TIERRA* ............................... 61
V. EN PRO Y EN CONTRA DE CANTAUTORES........................ 89
VI. DIARIO DE UN POETA RECIÉN CASADO .......................... 97
VII. CON OFICIO Y BENEFICIO. LA MANDRÁGORA ........... 109
VIII. EL ARSENAL DEL ROCK ................................................... 137
IX. EL PEAJE DE LA AUTOPISTA .............................................. 151
X. VICEVERSA ............................................................................... 181

OPÚSCULO: UN DÍA EN LA VIDA ............................................ 183
COTIDIANA DE JOAQUIN SABINA

ANTOLOGÍA DE CANCIONES ................................................... 185
   Eso será poesía ............................................................................ 187
   La muchacha que veia pasar los trenes ................................... 188
   El violinista ................................................................................. 190
   Tratado de impaciencia número diez ...................................... 191
   Mi vecino de arriba.................................................................... 192
   Manual para héroes y canallas .................................................. 195
   Adivina, adivinanza .................................................................... 196
   Calle Melancolía.......................................................................... 199
   Qué demasiao .............................................................................. 201
   Pasandolo bien ............................................................................ 203
   Pongamos que hablo de madrid ............................................... 205
   Juana la loca................................................................................ 206

| | |
|---|---|
| Por el túnel | 208 |
| Caballo de cartón | 209 |
| Ring, ring, ring | 210 |
| Negra noche | 212 |
| Cuando era más joven | 213 |
| El joven aprendiz de pintor | 214 |
| Kung Fu | 216 |
| Ciudadano cero | 218 |
| Rebajas de enero | 221 |
| Balada de Tolito | 222 |
| Princesa | 224 |
| Incompatibilidad de caracteres | 226 |
| Hay mujeres | 228 |
| Juegos de azar | 229 |
| Zumo de neón | 231 |
| Cómo decirte, cómo contarte | 233 |

www.ingramcontent.com/pod-product-compliance
Lightning Source LLC
Chambersburg PA
CBHW070532090426
42735CB00013B/2951